# 创新引领未来

## 从理论到应用看创新轨迹

刘义军　著

九州出版社
JIUZHOUPRESS

图书在版编目（CIP）数据

创新引领未来：从理论到应用看创新轨迹 / 刘义军
著 . -- 北京：九州出版社，2023.1
ISBN 978-7-5225-1628-8

Ⅰ.①创… Ⅱ.①刘… Ⅲ.①企业创新—研究—中国
Ⅳ.①F279.23

中国国家版本馆 CIP 数据核字（2023）第 025606 号

**创新引领未来：从理论到应用看创新轨迹**

| | |
|---|---|
| 作　　者 | 刘义军　著 |
| 责任编辑 | 蒋运华　沧桑 |
| 出版发行 | 九州出版社 |
| 地　　址 | 北京市西城区阜外大街甲 35 号（100037） |
| 发行电话 | （010）68992190/3/5/6 |
| 网　　址 | www.jiuzhoupress.com |
| 印　　刷 | 唐山才智印刷有限公司 |
| 开　　本 | 710 毫米×1000 毫米　16 开 |
| 印　　张 | 12.5 |
| 字　　数 | 149 千字 |
| 版　　次 | 2023 年 1 月第 1 版 |
| 印　　次 | 2023 年 1 月第 1 次印刷 |
| 书　　号 | ISBN 978-7-5225-1628-8 |
| 定　　价 | 68.00 元 |

# 前　言

中国历经四十多年的高速发展，已经成为世界第二大经济体，取得了巨大的建设成就。中国经济的快速增长，是量的重复增长，让全世界看到了"中国制造"的魅力。中国制造突现的同时，也暴露出中国在研发方面的短板，国际标准的制定权基本在欧美国家的垄断型企业的控制之下。归根结底，欧美企业的强势，是与科学研发和应用产业化密不可分的。欧美的物理学家、化学家、数学家、生物学家等，为科学发展奠定了基础，这也是欧美企业的先发优势与基础。

中国政府审时度势，提出了由"中国制造"向"中国创造"转型，这是具有前瞻性与战略意义的。这必将使中国经济实现由大到强的升级，更会使中国经济从量向量质并进的方向发展，为中国经济的长远发展奠定基础。"中国创造"必然由创新开始，而创新有两个路径：

一是基础创新。在基础创新方面，国内企业与欧美的跨国公司对比，有天壤之别。基础创新是由物理学家、化学家、数学家、生物学家的研究成果决定的。例如一年一届的诺贝尔奖，物理学奖、化学奖、生物学奖的获得者基本为欧美国家的科学家。欧美的企业给科学家提供了优越的科研条件，科学家在研究上可以心无旁骛，科研成果则由欧美企业完成产业化，而科研成果的产业化，则是开创一个新的行业、产业。由此来看，任正非、马化腾提倡中国国内培养青年科学家，更是从注重基础创新领域开始。基础创新，任重而道远！

二是应用创新。在应用创新上，国内企业可谓是世界企业界中的王者。应用创新分为技术创新和经营创新两个范畴。技术创新是在原有技术的基础上，进行附加值创新。经营创新能够极大地提高公司的经营效率和市场规模。近年来，国内企业在经营创新上有极大的发展，促进了行业发展与产业加快升级转型，对于促进经济健康发展功不可没。

创新是有迹可循的，从四大发明，再来看相关产业的创新，犹如老树开新花，意义深远。唯有创新，才可能引领未来。创新不仅要有战略方向，更要有牺牲精神，唯有如此，才能塑就企业的强大。对中国企业而言，能参与国际标准的制定才是王道！中国企业的创新正在砥砺前行，中国创造已然开启征程。

刘义军

2019 年 7 月 1 日

# 目 录
## CONTENTS

# 第一部分：创新的路径

第一部分・阴谋的说话

# 第一章　引子：核心技术差距清单

"去年，我们在钢铁产量严重过剩的情况下，仍然进口了一些特殊品类的高质量钢材。我们还不具备生产模具钢的能力，包括圆珠笔上的'圆珠'，目前仍然需要进口。这都需要结构调整。"如果不是李克强总理说出来，估计很多人都不知道。

3 000多家制笔企业，20余万从业人员，年产圆珠笔400多亿支，这是很可观的数字，中国是当之无愧的制笔大国。但在一连串亮眼数字的背后，却是核心技术和材料高度依赖进口，劣质假冒产品泛滥的尴尬局面，大量圆珠笔笔头的"圆珠"一直需要进口。一支日常使用的圆珠笔"笔珠"都需要进口，那么，我国的核心技术和研发能力到底在多少个行业缺失呢？

纵观中国近些年的科技发展，不得不说十分迅速，让无数中国人为之自豪。在高兴之余，我们也应该清楚地看到，中国在一些关键领域，还有很大的不足，需要我们迎头赶上。有句俗话说得好，"基础不牢，地动山摇"，目前大批核心关键材料还需要依赖进口，我国关键新材料自给率仅为14%。所以，就要总结一份中国与国外在核心技术领域的清单，这份核心技术"差距清单"以十大项为主，分列如下。

### 第一项：芯片

1. 含义：芯片，半导体元件产品的统称，指内含集成电路的硅片，体积很小，作为计算机和其他设备的核心部分。

2. 分类：通讯芯片、计算机控制芯片、存储芯片、音视频处理芯片、电源管理芯片、传感器芯片、驱动芯片、系统芯片。

3. 技术掌控：前十大芯片商为英特尔、三星、高通、英伟达、AMD、海力士、德州仪器、美光、联发科、海思，占据了市场的大部分份额。主要由美国、韩国企业垄断。

4. 国内情况：海思作为中国唯一进入前十的企业，小到平时使用的智能手机，大到登月需要的超级计算机，芯片可以说是无处不在。2018 年中国芯片市场超过 4 000 亿美元，国内进口芯片总数量为 4 157.7 亿件，总金额为 3 120.58 亿美元。芯片之疼是中国制造难以抹去的阴影。

尽管国内企业正在大力攻关芯片技术，但在全球芯片产业格局中仍处于中低端领域。目前国内能制造类比、分离等低端芯片，但逻辑、存储等高端芯片仍然需要进口。

### 第二项：半导体设备与半导体材料

1. 含义：半导体工艺设备和材料为半导体大规模制造提供基础，半导体器件的集成化、微型化程度必将更高，半导体是高科技发展的基石。

2. 设备分类：单晶炉、气相外延炉、分子束外延系统、氧化炉、低压化学气相淀积系统、等离子体增强化学气相淀积系统、磁控溅射台、化学机械抛光机、光刻机、反应离子刻蚀系统、IPC 等离子刻蚀系统、离子注入机、探针测试台、晶片减薄机、晶圆划片机、引线键合机等。

3：技术掌控：日本企业在硅晶圆、合成半导体晶圆、光罩等 14 种重要材料方面占有 50% 以上的市场份额，日本半导体材料行业在全球范围内长期保持着绝对优势。从 2017 年半导体设备企业排名来看，日本企业占据 7 家，美国企业 4 家，欧洲企业 3 家，中国和韩国各一家。在高精密设备方面，美日限制出口。

4. 国内行业近况：在国内集成电路产业持续快速发展的带动下，国内半导体设备行业也高速发展，但与国外半导体设备企业相比，国内企业还是比较落后的。2017 年全球半导体设备销售额 570 亿美元，半导体材料销售额 469 亿美元。由于对中国企业禁售，国内企业买不到国际上顶端的半导体设备，即使买到了，也是国外淘汰的一代设备。

光刻机被誉为芯片之母，国产芯片的匮乏一定程度上源于光刻机的无力。能制造高端芯片的光刻机，全球只用荷兰 ASML 和日本尼康、佳能，其中荷兰公司占据全球份额 87.4%。由于受美国影响，这些高端装备禁止向中国出口，中国是买不来这些核心装备的。


第三项：精密制造

1. 分类：精密仪器、精密机床、PLC 控制器、工业机器人、模具、精密减速机、光谱仪、引力波探测器。

2. 技术掌控：超高精度机床是日本、德国、瑞士企业的天下，日本的超高精度机床更是领先于世界。工业机器人的技术基本都掌控在日本企业手中，顶尖精密仪器由日本、美国、德国垄断。

3. 国内行业近况：自 2009 年中国将装备制造业列为国家发展战略后，中国装备制造业取得突飞猛进的发展，但在整体上相对落后，特别是精密制造，是中国制造的短板。

机床是现代制造的基础，没有机床的支撑，现代制造寸步难行。随着时代和科技的发展，制造业对精密加工的要求越来越高，更高精度的产品不得不依赖高端数控机床。国内高性能机床基本上都是从德国、日本、美国进口，高端数控机床的自给率不到 10%。虽然国内不断加大对高端机床的研发投入，但国产机床精度和使用寿命远远达不到世界同类水平。

**第四项：航空器**

1. 分类：航空发动机、航空航天。

2. 技术掌控：美国的航空航天技术一直领先于世界。

3. 国内行业近况：国内航空慢慢崛起，AJR21 已经商用，C919 完成试飞，未来五年可以商用，但由于基础弱，落后是长期现象。

根据波音公司的调查报告显示：未来十年，全球对航空发动机需求旺盛。其中，涡扇、涡喷发动机总需求量约 7.36 万台，总价值 400 亿美元。

涡轴发动机需求 3.4 万台，总价值 190 亿美元。涡桨发动机需求 1.6 万台，总价值 150 亿美元。活塞发动机需求 3.3 万台，总价值约 30 亿美元。

未来 20 年，中国民航市场约需要 6 810 架新飞机，总价值达 1.025 万亿美元，中国将成为首个超过万亿美元的航空市场。未来 20 年内，全球市场需要 39 620 架新飞机，总价值约 5.9 万亿美元。

截至 2017 年 12 月 5 日，C919 国产大飞机合计拥有 27 个买家，共计 785 家订单，中国民航客机正式启航。

### 第五项：仪表仪器

1. 分类：高端测量仪器，通讯测量仪器，科研设备、显示面板、减速机、动力总成测试设备。

2. 技术掌控：仪表仪器均被美国、日本垄断。

3. 国内行业现状：国内科研仪器高度依赖进口，虽然国内仪器仪表发展加快，但差距依然很大。

2017 年国内仪器仪表产业总产值 9 995.00 亿元，2018 年突破 1 万亿大关，2020 年达 10 731 亿元，预计 2024 年达 12 882.6 亿元。

以 2017 年统计口径，2017 年中国进口仪器仪表总额 665.2 亿美元，同比增长 47.97%，国内企业出口 438.71 亿美元，同比增长 27.15%。

技术创新及产业发展缓慢、关键技术缺失、低水平重复建设突出、产品可靠性和稳定性长期得不到解决是国内企业面临的现实问题。

### 第六项：信息安全

1. 分类：操作系统、数据库、通用服务器、编译器、SDN（软件定义网络）、CPU/GPU 异构式超算系统。

2. 技术掌控：在全球前 15 大网络安全公司中，美国公司独占 9 名，显示出强大的竞争力。

3. 国内行业现状：信息安全系统防护水平不高，信息安全管理和技术人员缺乏，关键技术比较落后，长期缺乏核心竞争力。

### 第七项：医疗器材

1. 分类：医疗仪器、重粒子癌放疗设备、质子束放疗加速器、CT、MRI、PET-CT/MRI、电子胃镜/肠镜、达芬奇机器人、血液诊断设备。

2. 技术掌控：高端医疗器械市场基本由美国、德国、日本等国企业垄断。

3. 国内行业现状：国内医疗器械行业加速发展。

2017 年中国医疗器械规模超过 4 000 亿元，其中进口超过 200 亿美元。

### 第八项：生物医药

1. 分类：创新药、生物药、生物技术肿瘤药、靶向治疗药物、抗化疗药物、干细胞治疗、心脏瓣膜、血管支架、人工关节分析仪。

2. 技术掌控：美国生物医药产品在全球市场占据主导地位，全球市场90%的生物药品来自美国著名的药企。在欧洲以德国为例，生物制药总产值占 GDP 的 12%左右。

3. 国内行业现状：国内一直重视医药的国产化，但依然严重依赖进口。

2016 年生物医药进口总额超过 295.62 亿美元，2017 年国内生物药业市场规模为 2 185 亿元。

### 第九项：汽车工业

1. 分类：整车、零部件、发动机、变速箱、电喷系统。

2. 技术掌控：基本在德国、美国、日本、韩国及法国企业手中。

3. 国内行业近况：国内具备完整的汽车制造体系，新能源汽车发展很快，国内汽车产业发展不均衡，特别是关键部件缺失。

2018 年全年进口汽车零部件 2 309.5 亿元，同比增长 7.1%，出口 3 621.7 亿元，同比增长 7.91%，顺差 1 312.2 亿元。

2018 年天津口岸以 37.9 万辆雄踞全国口岸汽车进口量头把交椅，进口量占全国口岸的 33.4%，进口汽车总价值达 1 135.9 亿元。

### 第十项：新材料

1. 分类：特种化学材料、碳纤维、有机硅、有机氟、特种化学品、高分子原料。

2. 技术掌控：日本、美国在新材料方面全球领先。

3. 国内行业近况：重点扶持集成电路、新材料、工业互联网等领域，这些领域有望迎来大发展。

新材料是高新技术发展的基础和先导之一，新能源、精细化工、军工、航空航天、智能穿戴、新型建材、精密机械等行业发展迅速。中投顾问预测：2021 年中国新材料产业市场规模将达到 8 万亿元，未来 3 年复合增长率高达 20% 以上。总体来说，国内新材料产业处于培育发展阶段。

技术差距清单让我们更加认识到自己的不足，更要找准创新的方向，来改变我们的现状。中国有 3 500 万科技人力资源，位居世界第一位，在中国人的智慧面前，没有克服不了的困难，也没有攻克不了的技术难关！

# 第二章  任正非的远见

"芯片暂时没有用，也还是要继续做下去。一旦公司出现战略漏洞，我们不是几百亿美元的损失，而是几千亿美元的损失。我们公司积累了这么多的财富，这些财富可能就是因为那么一个点，让别人卡住，最后死掉……这是公司的战略旗帜，不能动掉的。"

这段话是 2012 年任正非在华为实验室说的，并在 2018 年 9 月以后广为流传。任正非不仅仅对企业发展有远见卓识，更是真正的战略家。对企业发展国内、国际环境及竞争业态，洞若观火。对于公司如何平衡长期投资和短期利益之间的矛盾，任正非指出，看不清短期利益和长期投资的人，实际上也就不是将军。将军就要有战略意识，对未来的投资不能手软，我们看问题要长远。由此拉开了华为芯片大发展的序幕。

1991 年，华为成立 ASIC 设计中心。

1993 年，华为成功研制出第一颗自己使用的 EDA 设计的芯片。

1995 年，华为"中央研究院"正式成立。

1996 年，华为成立产品战略研究院规划办公室，从战略规划、研发到技术商业化形成了严密的研发体系，并在 1996 年研发成功了十万门级的 ASIC。

2000 年，华为研发成功了百万门级的 ASIC。

2003 年，华为研发成功了千万门级的 ASIC。

2004 年 10 月，华为在 ASIC 设计中心的基础上，成立了深圳海思半导体有限公司，也就是"华为海思"。海思芯片目前是国内最大的 IC 芯片设计公司，产品包括无线网络、固定网络、数字媒体领域的芯片及解决方案，成功在 100 多个国家和地区应用。

2007 年，海思成立"巴龙项目部"，专攻通讯基带研发。

2009 年，海思推出第一款面向公开市场的 K3 处理器，跟展讯、联发科一起竞争市场。

2012 年，海思推出 K3V2 处理器和巴龙 710，并应用到华为 MATE1 和 P6 手机中。K3V2 成为当时世界上第二颗四核处理器。

2013 年，华为收购德州仪器 OMAP 芯片在法国的业务，并成立图像研究中心。海思在 2013 年首次盈利，这是海思成立九年来第一次盈利！这一年海思芯片出货量达到千万级别，营收 92.74 亿元。

也就是在这一年，海思全新品牌的"麒麟"芯片诞生。

2014 年，海思第一款 SOC 麒麟 910 芯片发布，宣告海思处理器芯片正式进入 SOC 时代，也是华为第一款被大众熟知的芯片。

2015 年，海思发布两款搭载在自己手机上的麒麟芯片。从麒麟 950 开始，海思的 SOC 芯片中开始集成自研 ISP 模块，搭载这一芯片的 P9 系列手机销量超过 1 200 万部。

同年 5 月，与高通共同完成 LTEcat. 11 实验，最高下行速率可达 600mbps。

2016 年 2 月 23 日，华为麒麟 950 芯片荣获 2016 年世界移动通信大会 GTI 创新技术产品大奖。10 月份，海思发布麒麟 960 芯片，GPU 较上一代技术性能提升 180%，主要搭载于华为 MATE9 上。

2017 年 1 月份，华为麒麟 960 芯片被评为 2016 年度最佳安卓手机处理器。同年海思芯片安装在超过 7 000 万部新手机上，海思营业额突破 387 亿元，成为中国芯片设计公司的领军者。

2018 年，海思营业收入达到 503 亿元。同年发布的麒麟 980 芯片创造了多个世界第一。截至目前，海思已经成功研发出 100 多款具有自主知识产权的芯片，共计申请 500 多项专利。海思芯片涵盖了手机芯片、移动通信系统设备芯片、传输网络设备芯片、家庭数字设备芯片等细分产品，已经具备泛通讯全系列芯片的设计能力。

海思的成绩单越来越亮眼，但华为一直保持清醒的认知，海思对麒麟芯片的定位是：不让别人断了我们的粮食！虽然华为依然采购上千万的高通芯片，但为了不受制于人，华为就算是几十年不用海思芯片，也要坚持自主研发。华为高管也多次强调，麒麟芯片更多的是防御手段，是为了构建自己的核心竞争力。坚持海思芯片的自主研发，除了不用担心被美国高通卡脖子，还可以降低手机成本。自主研发不仅仅能够做到自给自足，不依附于美国高通，更可以在关键时刻抢夺时间窗口。对于华为来讲，创办海思做自主芯片的研发，是一件长远的事情，更成了中国高科技公司发展战略的最优样板。

根据 Gortner 发布的全球半导体 25 强名单，三星电子排名第 1，苹果排第 13 名，海思排第 21 名，营收同比增长 35%。海思是唯一上榜的中国企业，营收为 503 亿人民币。对于华为来讲，创办海思半导体，是一件具有长远眼光的事情。或许，对于中国和产业来讲仅有一两个海思类型的企业是远远不够的，中国需要更多的芯片企业来形成更完整的芯片生态，但这条国产芯片之路注定是漫长而又充满艰辛的。芯片领域没有弯道超车，正如业内人士所言，板凳要坐十年冷。

## 思想才是强盛的根源

任正非，华为公司的创始人，是中国高新技术企业界的标杆人物，也是中国企业界中十分低调的优秀企业家。任正非的文章都会成为国内企业界的精神食粮！任正非作为华为公司的创始人和精神教父，一直都是华为公司快速发展的原动力。而任正非的文章更是将思想与商业智慧紧紧结合，所以说，任正非的文章都是在关键的时间节点上给华为公司的发展和高管心态定了调。

2000年底，任正非写了《华为的冬天》一文。《华为的冬天》开宗明义直奔主题：不经过挫折，就不知道如何走向正确的道路。磨难是一种财富，而我们没有经历过磨难，这就是我们最大的弱点。公司所有员工是否考虑过，如果有一天，公司销售额下滑、利润下滑甚至破产，我们该怎么办？华为要在危机中活下来，需要一系列心理准备和技能准备。

比如二战后德国工人团结一心，主动要求减薪，在这种上下同欲甘愿奉献的意志力面前，所有的危机都会被战胜。危急时刻，要建立健全价值评价体系、价值创造体系和价值分配体系。一切为了打粮食，提升工作的有效性。对事负责、对最终价值创造负责。自我批判，是思想、品德、素质、技能创新的优良工具。一定要推行以自我批判为中心的组织改造和优化活动。

这篇文章写于2000年底，对外发布却是2001年。任正非的《华为的冬天》是国内企业界、传媒界最熟悉，也是影响力最广、最深远的一篇文章。此后任正非又陆续写了《我的父亲母亲》《北国之春》《华为的红旗到底能打多久》《一江春水向东流》等大家都熟知的文章。

读任正非的文章，感受的是居安思危、循循教导的大义厚情，更是对事业、对家国情怀的真情流露。大众和媒体写华为、写任正非的文章很多，但写任正非的都比较保守，没有把他真正的思想写出来。

近几年国内都崇尚日本的经营大师稻盛和夫，各地企业掀起学习风潮。但我们崇洋媚外的表现，或许会让外国人汗颜，因为我们守着一位经营大师、战略大师、思想大师而无动于衷！国内没有把任正非的经营思想、经营理念、经营战略去总结学习。

任正非领导着公司在国际市场攻城略地，就连美国政府都在挖空心思刻意去打压，可见他领导的企业有多么强大。作为华为公司的创始人，任正非令人尤为敬佩，因为他是中国企业家中唯一的战略家、思想家。

# 第三章　再说创新

　　看过牛文文2012年写的一篇文章：中国人到底会不会创新，能不能创新？这在今天好像成了一道世界难题，或者说世界疑问。五六年前，《世界是平的》一书的作者费里德曼访问中国，在午餐会上向我国几个财经媒体人提出了这样一个问题：中国企业创新的因素到底有多大"比例"？有没有5%？当时在座的都无言以对。

　　这件事后来被大家总结为"费里德曼拷问"——到底中国的企业有没有创新、会不会创新？中国人在商业上的创新能力如何再提高？有一种普遍的认识：中国经济30年的成功，主要还是建立在引进、复制、大规模制造上，以及廉价劳动力和引进外资的结合上。这些年中国的企业、产品、技术，复制的多，原创的少，所以附加值低、可持续性差，中国的企业整体创新度不够。从这件事中，我们就可以看到中国企业大而不强的实际现状。当然，我们不能仅仅站在客观的立场来评判中国企业，而应该从两个方面来评价导致中国企业现状的原因。

　　我认为，第一个原因就是企业的生存权。应该说改革开放后，随着中国经济市场化的发展，也与国际化接轨，中国企业在承接制造业转移的契机，成就了中国经济快速发展的 30 多年。这 30 多年，国内企业从小到大，从弱到强的生产制造规模，确实实现了国内就业与国民财富的快速增长。

但同时我们也应该清楚地看到，我们的经济发展科技含量不高，因为出口产品有 60%左右是以代工方式出口的，到 2015 年这个数值降到 30%。这也就表明，单纯的加工代工生产是逐年回落的，中国的生产制造从代工向自主品牌、自主渠道、自主技术乃至自主知识产权的国际标准这个方向逐步发展。看到逐步转化提升的同时，我们更应该清楚，中国是一个有着 14 亿人口、几千万家企业的大国。这也就注定了优秀企业、创新型企业只占企业总数很小的一个比例，而创新型企业注定会成为市场的领军企业。其他企业，只能是相对地在低利润率、低水平重复制造业保持生存而已。这就是企业的生存权，当企业只有在确保生存权以后，才会向创新迈进，完成先生存、后发展的传统方式演进与进化。

第二个原因就是知识产权保护。应该客观地看到，国内知识产权制度正在不断地完善。在这之前，一个企业的创新往往成为一个行业的创新，一个企业的成果往往成为行业产品升级的始点，这就是国内知识产权面临的严峻问题。或许，翻翻历史，我们就可以找到答案。

1984 年 3 月 12 日，《中华人民共和国专利法》经第六届全国人大常委会第四次会议讨论通过。

1985 年 4 月 1 日，《中华人民共和国专利法》正式实施。在《中华人民共和国专利法》实施的第一天，原航天工业部 207 所工程师胡国华，到当时国家专利局专利申请处，提交了我国第一件专利申请，专利号 85100001.0，并在同年 12 月获得授权。

1985—1992 年，专利法制定和开始实施之后，专利处于初步发展阶段，申请受理和授权量都不高。

1993—2000 年，我国专利法进行第一次修订，扩大了专利保护范围和提高了保护水平，适应了深化改革的需要，专利申请量和授权量有较大提升。

2001—2008 年，我国专利法进行了第二次修订，专利发展加快，企业 PCT 申请逐步增多，我国专利总量在国际上的排名明显提高。

2009—2018 年，我国专利法进行第三次修订，我国专利申请量和授权量进入世界前列。

2018 年 12 月，国务院常务委员会会议审议通过第四次专利法修正草案，草案写入建立侵权惩罚性赔偿制度。国家知识产权局还联合发改委等 38 个部门共同建立知识产权领域严重失信行为联合惩罚机制，知识产权保护全面加强。

中国专利法从无到有，从有到优，更是一个保护创新的基本法。谁研发，谁受益，谁使用，谁获利。逐步形成规则，为中国企业充分参与市场竞争保驾护航。当我们回顾国外专利制度时，才知道我们与国外发达国家在专利申请与使用上的差距有多大。

1474 年，威尼斯颁布了第一部《垄断法规》，该法规是现代专利法的开始，对以后各国的专利法影响较大。德国法学家 J. 柯勒曾称之为"发明人权利的大宪章"。

1790 年，美国制定实施专利法。

1791 年，法国制定实施专利法。

1809 年，荷兰颁布了专利法。

1810 年，奥地利颁布了专利法。

1812 年，俄罗斯实施专利法。

1819 年，瑞典颁布专利法。

1820 年，西班牙制定实施专利法。

1826 年，日本制定实施专利法。

1852 年，英国颁布第一部正式的专利法。

1877 年，德国制定实施专利法。

西方工业国家陆续制定实施了专利法。第二次世界大战以后，工业发达国家的专利法陆续进行了修订。

1966 年，阿尔及利亚通过了新的专利法。

1969 年，巴西制定实施专利法。

1970 年，印度、秘鲁、尼尔利亚、伊拉克等国家制定实施专利法。

1971 年，委内瑞拉、哥伦比亚制定实施专利法。

1976 年，墨西哥制定实施专利法。

1981 年，南斯拉夫制定实施专利法。

通过中外专利法的实施时间表，我们就可以粗略地得出一个结论：专利法实施越早的国家，就越早取得了辉煌的工业成就和商业成就，而积累下来的工业成就和商业成就，依然深深地影响着本国的经济进程，同时也对国际产生了深远的影响。专利代表了企业的核心竞争力、国家的话语权。专利的多寡与科技含量，则更能反映一个国家真正的实力与经济走向。

# 第四章　专利的量与质

目前，我国已分别实现了两个 100 万件的突破！即：成为世界上第一个发明专利申请量突破 100 万件的国家和继美国、日本之后，第三个有效发明专利突破 100 万件的国家。我国 PCT 国际专利申请位居世界第二。

我国在发明专利申请量上的巨大突破，是一个单纯量的增长，从专利申请到发明专利的授权，中间有一个一到三年的时间段。这 100 万件发明专利的申请，最终的授权率估计就在 60%~70%，也就是说，有 60 万~70 万件的发明专利得到授权。在拿到发明专利授权后，发明专利的产业化之路才刚刚开始。根据一则数据显示，我国发明专利的产业化成果转换，真正可以做到市场化并有明显效果的，占发明专利总数的 2%~5%。这也说明，申请发明专利的数量大，发明专利的授权量也大，但是真正可以做到市场化应用的比率却极低！也就说明我国的发明专利数量大，而整体发明专利的科技含量与质量明显偏低。

对于发明专利的质量，如果要做一个国际化的衡量，那就是申请 PCT 国际发明专利的数量，这才是衡量一个发明专利的最好标准。因为申请 PCT 的发明专利，它的市场是针对全球的，它的后期是可以参与国际标准制定的。所以说，PCT 才是考量一个企业、一个国家科技创新的标杆、标尺。

联合国世界知识产权组织（WIPO）发布 2018 年度全球知识产权报告中指出，2018 年通过世界知识产权组织提交的国际专利申请中，半数以上来自亚洲，中国提交的国际专利申请数量居全球第二位。其中，中国华为公司的国际专利申请数量高达 5 405 件，居公司申请人全球第一。

2018 年 WIPO 受理的 PCT 专利申请首次达到 25.3 万件，比 2017 年增长达 3.9%。其中，美国的发明人在 2018 年提交的 PCT 申请最多，共计提交了 56 142 件 PCT 申请，中国的发明人在 2018 年度提交了 19 883 件 PCT 申请，日本的发明人在 2018 年度提交了 17 014 件 PCT 申请。在 2018 年度提交所有 PCT 申请前十五名中，仅有中国和印度两个中等收入国家，其他十三个国家均为高收入国家。

中国华为公司位居 2018 年度公司申请人榜首，已公布 PCT 申请 5 405 件，再创新高。其次是日本三菱电机株式会社的 2 812 件、美国英特尔公司的 2 499 件、美国高通公司的 2 404 件和中国中兴通讯公司的 2 028 件。其中，2016 年位居榜首的中国中兴通讯公司在 2018 年已公布的 PCT 申请数量减少了 29.88%，连续两年申请量下降。

就科学技术申请 PCT 比例而言，数字通讯占比 8.6%，超过计算机技术在 PCT 申请中占比最高，其次是电气机械、医疗技术和运输。2018 年在申请量 TOP10 中，运输、数字通讯、半导体是增长率最高的领域。

2018 年中国发明专利的申请量超过 100 万件，的确是可以大书特书的事情，这也是中国发明人的骄傲。但是当我们以 PCT 申请作为衡量标准时，发明专利的质量就令人堪忧！2018 年国内发明专利申请超过 100 万件，国际发明专利 PCT 申请仅仅 19 883 件。也就是说，中国发明人申请 PCT 的件数与国内申请数量相比，仅仅为 1.988 3%！当然，这个 1.988 3%也与国内发明专利的产业化比率相近。也可以这样说，中国发明专利只有申请 PCT 的，才是真正在国际上有创新的、有价值的，而且是高价值的。

从提交 PCT 数量看中美技术差距。2018 年中国发明人提交 PCT 申请共计 19 883 件，而同期美国发明人共计提交 PCT 申请 56 142 件。从提交数据来看，美国发明人提交的 PCT 申请比中国发明人提交的 PCT 申请数量多了 36 261 件，是中国发明人提交 PCT 申请数量的 2.82 倍！这可以看作是中美在高科技研发领域的整体水平的一个参考数值。当然，如果考虑到中国发明人提交的 PCT 申请之中，扣除华为公司的 5 405 件和中兴公司的 2 028 件，中美之间的科技研发差距会更大。然而，中国与美国之间的科技水平要比这种数据对比的差距还要大。

华为也想低调啊，但实力不允许啊！借用时下的一句调侃的话，但事实证明了一切。华为公司在 2018 年共提交 5 405 件 PCT 申请，位居全球公司申请人第一名！而且是第二名日本三菱电机株式会社的 1.92 倍！更是美国传统研发高技术企业英特尔的 2.16 倍、美国高通公司的 2.24 倍！如果看数据还不够说明华为的科研实力与市场地位，那么，华为公司作为通讯类高科技公司，直接的竞争对手就是美国高通，间接的竞争对手就是美国英特尔。

美国高通公司是通信行业的霸主，而美国英特尔则是芯片行业的霸主，更是华为公司的竞合伙伴。美国高通公司与英特尔公司，在 2018

年提交的 PCT 申请共计 4 903 件，这两个公司相加，仍比华为少了 502 件。所以开玩笑说，华为也想低调，可是实力不允许啊。

对于中国发明人而言，今后的发明专利既要上量，更要做高价值专利。从公司发明人国际发明专利提交前五名来看，华为公司以 5 405 件高居第一，中兴通讯以 2 080 件位居第五名，这是一个很明显、也很偏科的成绩。中国发明人在 2018 年度共计提交 PCT 申请 19 883 件，其中华为公司 5 405 件，中兴通讯 2 080 件，两个公司合计 7 485 件。华为与中兴通讯的 PCT 申请数量占同年中国发明人提交 PCT 申请总量的 37.6%！这是一个很高的比例，而且，这 37.6% 的 PCT 申请，大部分集中于数字通讯产业，也就是说，中国数字通讯产业提交的 PCT 申请，占了全国 PCT 申请的 37.6%！剩余的 62.4% 是国内其他产业提交的 PCT 申请。从相对值上来看，中国数字通讯产业在提交 PCT 申请上一枝独秀，逐步具备与国际巨头一争高下的研发实力，同时也具备了逐步主导国际标准制定的能力。

中国数字通讯领域的发展，从无到有，从有到优，从优到强，不仅为国内其他行业做一个榜样，更是一种鞭策！从中国数字通讯行业发展经验来看，只有每个行业数一数二的领军企业，才是研发的主力军，也只有在研发上保持快速进步，才使企业科技应用迅速做大，成为市场的冠军企业。从华为、中兴通讯的发展历程，反观国内其他行业，期望在未来的国际竞争中，不仅仅在生产端做大规模，更要在研发端做强，在国际标准制定中抢得先机。

# 第五章　创新的两个方面

说到创新，有人认为创新很容易，也有人认为创新很难。而事实上，创新的难易，与行业、技术背景密切相关。

如果说创新很容易，我认为可能是海归派的思想。毕竟海归派在国外学习生活多年，特别是在欧美等发达国家的学习和生活，让海归派不仅学习到相对先进的技术，更是对发达国家的市场形态、商业模式有更早、更进一步的认识。而这些，是国内欠缺的或者说国内不成熟的，海归派把国外的拷贝进来，再做本土化的改进，这就是创新，也可以说，这也是创新，只是针对国内的创新。比如说百度，李彦宏的导师就是搜索引擎之父，而国内互联网正处于起步阶段。李彦宏看到国内市场的先机，回国创办百度。最终在与谷歌的竞争中，用"百度更懂中文"而一战定江山。再如原无锡尚德的施正荣，其导师亦是太阳能电池之父，施正荣回国后，在无锡国资委的帮助下，仅仅三五年时间就造就了太阳能光伏组件国内第一、世界第一的生产规模。

创新难，可以说以国内本土派而言，创新就不仅仅是创新了。对于本土派而言，从事传统的加工制造业为多，而加工制造业的利润微薄，曾有人形容加工制造业的利润薄如刀锋，一不小心就会伤到自己。改革开放后国内加工制造业迅速发展，不仅仅是出口带动的代加工，更多的是国内市场的内需也迅速加大。在这个国产替代进口、代加工加大出口的年代，代工追求质量，国产替代进口则是不折不扣的价格战换来的。而价格战的直接后果就是整个行业的利润率偏低乃至极低，没有企业能够幸免。国产替代进口，生产满足市场需求，技术创新无疑是天方夜谭。

　　为什么说国产替代进口，生产满足国内需求的加工制造业技术创新犹如蜀道难？国产替代进口产品，讲的就是低价格、高性价比，这类产品的原创技术、专利、国际标准都是控制在经济发达国家的企业手里。即使国内企业想创新，也只能望洋兴叹。技术的发展有其延续性，技术的研发如果没有良好的连续性，没有顶尖的团队怎么可能凭空完成技术创新呢？所以本土派说技术创新很难。

　　创新有这么难吗？2015年1月25日，财经作家吴晓波发了一篇文章《去日本买只马桶盖》，第一天的阅读量就超过了60万次！一文激起千层浪。在日本售价2 000人民币的马桶盖，有抗菌、可冲洗、坐垫圈瞬间加热等功能，并且适合所有款式的马桶。一个马桶盖都跑到日本去购买，难道中国制造的马桶盖就真的一无是处？恒洁卫浴的董事长谢伟藩曾对记者说："中国的智能马桶盖在功能上绝对不输于日本的同类产品，甚至是比日本的产品更好！比如说日本智能马桶都必须配备储存热水的水箱，这样容易滋生细菌，用水量也受到限制。而包括恒洁卫浴在内的很多智能马桶都是即热式的，不需要储水，随时用、随时开，用多久都可以，这就是明显的优势。"

　　那么，我们的企业与日本的企业相比，哪里出了问题？国内加工制造业大部分都习惯于生产，包括出口代工的企业，我们忙于低头生产的同时，忽视了国内市场已经分层和长尾化的需求。这就形成了国内高端需求转向了进口产品，中端需求转向品质，而需求量最大的中低端，才是对价格敏感的消费者。国内大部分制造业还是针对中低端消费者，面对高端消费者时，品牌、渠道、定位都是一个待解的难题。面对中高端消费者对品质的诉求，国内众多的制造业信心全无！国内企业善于加工制造，但产品质量在大规模生产的情况下并没有逐步提升，反而在价格战的同时，不升反降。也就是说，中国是制造大国，而不是制造强国，中国制造需要工匠精神，中国制造需要提升产品品质！

创新刻不容缓，创新势在必行！但创新一定有方法、一定有方式。那么首先需要明白，国内企业需要什么样的创新？我认为，中国企业的创新有两个方面：一个是应用创新，一个是基础创新。只有将这两个创新结合，才是一个企业真正成熟、真正强大的具体表现。

基础创新的难度越来越大，颠覆性的发明越来越少。为什么？如果说第一次工业革命是力学的创新而引领社会生产大变革。那么，第二次工业革命则是电磁学、物理学引发的电气化时代的到来。而第三次工业革命则是微电子、数学、核物理等多学科的相互融合，激发了社会生产与生活的大变革。刚刚开始的第四次工业革命，则会是前三次工业革命的学科升级、融合、互联。

从无到有相对难一些，从有到优相对容易，而从优到卓越则比较难。现在的基础研究、基础创新，首先是理论创新。在世界经济因素越来越主导一切的情况下，理论创新的步伐越来越慢，而应用创新则越来越令人眼花缭乱。基础研究的理论创新，需要各学科、各类研究的大师级人物来具体体现。我们看一下世界上最伟大的科学家排行榜，或许大家就明白了：

第一名：爱因斯坦

阿尔伯特·爱因斯坦（1879年3月14日—1955年4月18日），被誉为现代物理学之父、理论物理学家、思想家、哲学家，相对论的创立者。

第二名：牛顿

艾萨克·牛顿（1642年12月25日—1727年3月20日），著名的物理学家、数学家、思想家和哲学家，更是万有引力定律和牛顿运动定律的创立者。

第三名：爱迪生

托马斯·爱迪生（1847年2月11日—1931年10月18日），举世闻名的发明家、企业家，拥有超过2 000项发明，1 093项专利。

第四名：居里夫人

玛丽亚·斯克洛多夫斯卡·居里（1867年11月7日—1934年7月4日），物理学家、放射化学家，是历史上第一个获得两次诺贝尔奖的人。

第五名：霍金

史蒂芬·威廉·霍金（1942年1月8日—2018年3月14日），天文学家，"宇宙无边论""霍金辐射"的创立者。

第六名：特斯拉

尼古拉·特斯拉（1856年7月10日—1943年1月7日），发明家、物理学家。异步电机、特斯拉涡轮的发明者，特斯拉定理的创立者。古希腊数学家阿基米德说：给我一个支点，我就能撬动整个地球，而特斯拉则说：只要我愿意，我可以把地球炸成两半！特斯拉是科学家中的全才，是第二次工业革命的推动者。

第七名：诺贝尔

阿尔费雷德·贝恩哈德·诺贝尔（1833 年 10 月 21 日—1896 年 12 月 10 日），发明家、化学家、企业家。一生致力于炸药的研究，共获得专利 255 项，仅炸药相关专利就达 129 项，是诺贝尔奖的创立者。

第八名：达尔文

查尔斯·罗伯特·达尔文（1809 年 4 月 19 日—1882 年 4 月 19 日），生物学家，著有《物种起源》，提出生物进化论，是进化论的奠基人。

第九名：伽利略

伽利略·伽利雷（1564 年 2 月 25 日—1642 年 1 月 8 日），天文学家、物理学家、数学家、哲学家，近代实验物理的先驱者。

第十名：高斯

卡尔·费里德里希·高斯（1777 年 4 月 30 日—1855 年 2 月 23 日），数学家、物理学家、天文学家。同牛顿、阿基米德一起被称为有史以来的三大数学家。

第十一名：阿基米德

阿基米德（公元前 287 年—公元前 212 年），哲学家、数学家、物理学家，力学之父。阿基米德的名言：给我一个支点，我就能撬动整个地球。

第十二名：麦克斯韦

詹姆斯·克拉克·麦克斯韦（1831 年 6 月 13 日—1879 年 11 月 5 日），物理学家、数学家。1873 年出版《论电和磁》，被尊称为继牛顿《原理》之后的一部重要的物理学经典。没有电磁学就没有现代电工学，也不可能有现代文明。

第十三名：瓦特

詹姆斯·瓦特（1736 年 1 月 19 日—1819 年 8 月 19 日），著名的发明家，第一次工业革命的重要人物。1776 年瓦特发明制造出世界上第一台有实用价值的蒸汽机，在工业上广泛应用，标志着工业革命的开始。

第十四名：哥白尼

尼古拉·哥白尼（1473 年 2 月 19 日—1543 年 5 月 24 日），医生、教士、天文学家。哥白尼是欧洲文艺复兴时期的一位巨人，40 岁时完成了他的伟大著作《天球运行论》。

第十五名：欧拉

莱昂哈德·欧拉（1707 年 4 月 5 日—1783 年 9 月 18 日），数学家、物理学家，近代数学的先驱之一。

第十六名：法拉第

迈克尔·法拉第（1791 年 9 月 22 日—1867 年 8 月 25 日），物理学家、化学家。发现并奠定了电磁学的基础。1831 年，他作出了关于电力场的关键突破，彻底改变了人类文明的发展进程。

第十七名：薛定谔

埃尔温·薛定谔（1887 年 8 月 12 日—1961 年 1 月 4 日），物理学家、哲学家，概率波动力学创始人、量子力学的奠基人之一，也被称为量子物理学之父，提出了著名的薛定谔方程。

第十八名：门捷列夫

德里特里·门捷列夫（1843 年 2 月 7 日—1907 年 2 月 2 日），化学家，他发现了元素周期律，并发表了世界上第一份元素周期表。出版的

《化学原理》影响了一代又一代的化学家。

第十九名：贝尔

亚历山大·格雷厄姆·贝尔（1847年3月3日—1922年），发明家、企业家。发明了世界上第一台可用的电话，创建了贝尔电话公司，被称为电话之父。

第二十名：玻尔

大卫·玻尔（1885年10月7日—1962年11月18日），物理学家、政治思想家，提出对应原理、互补原理、玻尔理论。

第二十一名：张衡

张衡（公元78年—139年），天文学家、数学家，浑天说的代表人物，他提出月球本身不发光，正确地解释了月食形成的原因。

第二十二名：开普勒

约翰尼斯·开普勒（1571年12月27日—1630年11月15日），天文学家，发现了行星运行的轨道定律、面积定律和周期定律。

第二十三名：焦耳

詹姆斯·普雷斯科特·焦耳（1818年12月24日—1889年10月11日），物理学家，焦耳提出的能量守恒与转化定律，奠定了热力学第一定律的基础。

第二十四名：拉格朗日

约瑟夫·拉格朗日（1736年1月25日—1813年4月10日），数学家、物理学家，提出拉格朗日中值定理等。

第二十五名：伏特

安纳塔西欧·伏特（1745年2月18日—1827年3月5日），物理学家，伏特发明了伏特电堆，这是历史上神奇的发明之一。

第二十六名：玻恩

马克斯·玻恩（1882 年 12 月 11 日—1970 年 1 月 5 日），物理学家，量子力学的奠基人之一，著有《关于空间点阵的振动》。

第二十七名：德布罗意

路易·维克多·德布罗意（1892 年 8 月 15 日—1987 年 3 月 19 日），物理学家，物质波理论的创立者。

第二十八名：黎曼

波恩哈德·黎曼（1826 年 9 月 17 日—1866 年 7 月 20 日），数学家、物理学家。对数学分析和微分几何做出了重要的贡献，为广义相对论的发展铺平了道路。

第二十九名：欧姆

乔治·西蒙·欧姆（1787 年 3 月 16 日—1854 年 7 月 6 日），物理学家，发现了电阻中电流与电压的正比关系，即著名的欧姆定律。

第三十名：库仑

查理·奥古斯丁·库仑（1736 年 6 月 14 日—1806 年 8 月 23 日），物理学家，他用扭秤测量静电力和磁力，导出著名的库仑定律。

第三十一名：赫兹

海因里希·鲁道夫·赫兹（1857 年 2 月 22 日—1894 年 1 月 1 日），物理学家，于 1888 年首先证实了电磁波的存在，有划时代的意义，开创了无线电电子技术的新纪元，著有《论动电效应的传播速度》。

第三十二名：安培

安德烈·马丽·安培（1775 年 1 月 22 日—1836 年 6 月 10 日），物理学家，建立了电动力学的基本理论。

第三十三名：帕斯卡

布莱士·帕斯卡（1623 年 6 月 19 日—1662 年 8 月 19 日），数学家、物理学家、思想家。近代概率论的奠基者，提出了著名的帕斯卡定律。

第三十四名：诺依曼

约翰·冯·诺依曼（1903 年—1957 年），20 世纪最重要的数学家之一，现代计算机、博弈论、核武器和生化武器等领域的科学全才之一。被称为计算机之父和博弈论之父。

第三十五名：图灵

艾伦·麦席森·图灵（1912 年 6 月 23 日—1954 年 6 月 7 日），数学家、逻辑学家，被称为计算机科学之父、人工智能之父。

我们把这 35 名科学家的年代做一个划分：

出生日期在 1700 年前的有 7 个

1700—1750 年的有 5 个

1750—1800 年的有 4 个

1800—1850 年的有 8 个

1850—1900 年的有 8 个

1900—1950 年的有 3 个

从科学家们的出生日期划分来看，1700 年以前的共有 7 位，分别是牛顿、伽利略、阿基米德、哥白尼、张衡、开普勒、帕斯卡。其中，天文学家有 4 位，物理学家有 4 位，数学家有 5 位。伽利略"兼职"最多，分别是天文学家、物理学家、数学家、哲学家。虽然哲学家仅有两位，却都是赫赫有名的。我们做一个分析，在 1700 年之前，这 4 位天文学家带给人们和社会一个正确的认知，由地心说向日心说演变，在当时的年代，这是个了不起的转变。数学家有 5 位，奠定了数学的基础和发展，即使至今，也影响深远。物理学家有 4 位，不仅仅是物理的启蒙，更为物理学的发展打下了坚实的基础。而仅有的两位哲学家、思想家仍有很深的影响，直到现在。

1700 年到 1750 年间出生的科学家有 5 位，分别是瓦特、欧拉、拉格朗日、伏特和库伦。其中 4 位是物理学家、1 位数学家、一位发明家。物理学的不断发展，有新突破、新提高，但对社会发展产生巨大推力的还是发明家，瓦特的蒸汽机直接推动了工业革命的开始，推动了社会的现代化进程。也可以这样说，懂物理的发明家，才是知行合一的社会推动者！

1750 年到 1800 年间出生的科学家有 4 位，分别是高斯、法拉第、欧姆、安培。他们 4 人都是物理学家，只有高斯身兼数学家、天文学家。他们 4 人在物理学上的成就，都在我们今天的社会生活中继续体现着，影响巨大，随处可见。

1800 年到 1850 年间出生的科学家有 8 位，分别是爱迪生、诺贝尔、达尔文、麦克斯韦、门捷列夫、贝尔、焦耳、黎曼。其中物理学家 3 人、发明家 3 人、数学家 2 人，化学家 2 人，企业家 2 人。在这段时间出生的科学家，门类相对齐全，数学家和物理学家仍在努力突破中，真正对社会有巨大推动作用的，是 3 位发明家兼企业家的爱迪生、诺贝尔、贝尔。

如果说物理和数学是理论与验证关系的话，那么，发明家则是完成前两者的宏图，变成社会所需要的。同时又身为企业家，则加快了知识从理论到产品、商品的速度，更是推动了社会的大变革。爱迪生是发明大王、企业家，更是第二次工业革命的推动者之一。贝尔的电话，则直接把通讯带到一个新的天地，即使在今天，我们依然在享用他的发明带来的便利。而诺贝尔，则改变了战争的形式，使人类之间的战争上升一个新的破坏度。诺贝尔设立的诺贝尔奖，则成为每年一度的各科成果大会。

1850年到1900年间出生的科学家有8位，分别是爱因斯坦、居里夫人、特斯拉、薛定谔、玻尔、玻恩、德布罗意、赫兹。这8个人都是物理学家，可见这一时期出生的人，都有极高的物理天赋，也确实是物理学的巨匠，开启了第三次工业革命的导火索。思想家2位、哲学家2位，这也说明，哲学、思想与科学的与时俱进，共同推动了社会的发展。

最需要介绍的是这8位物理学家中的发明家：尼古拉·特斯拉。特斯拉是一位伟大的发明家，是第二次工业革命的直接推动者，也是人类有史以来最伟大的一位全才科学家。特斯拉是电力商业化的重要推动者之一，并主持设计了现代交流电系统。特斯拉在电磁场领域有多项革命性的发明，他的多项相关专利及电磁学的理论研究成果，是现代无线通信和无线电的基石。特斯拉去世前研究的死光武器，直至现在仍是美国最高机密，有人说特斯拉制造了通古斯大爆炸，威力是广岛核弹的1000倍！也难怪特斯拉自己都说：只要我愿意，我可以把地球炸成两半！

1900年到1950年间出生的科学家有3位，分别是霍金、诺依曼、图灵。其中数学家2位、天文学家1位。霍金的大名世人皆知，应该属于最早的科学家中的网红。诺依曼则是继尼古拉·特斯拉之后的第二位科学全才！诺依曼是现代计算机、博弈论、核武器和生化武器领域内的科学全才之一，被誉为计算机之父、博弈论之父。图灵是计算机科学之父、人工智能之父。应该说这 50 年间出生的 3 位科学家，一位在天文学上的认知更进一步，而后面的两个科学家则直接或间接地推动第三次、第四次工业革命的开展。

站在巨人的肩膀上创新！

伟大科学家的数量，决定了社会科技发展的质与量，我们的社会，也不会躺在以前的科学成果上止步不前，而是要加速向前发展。我们再做一个数据统计：

1800 年到 1900 年间出生的科学家共计 16 人，占了全部 35 名最伟大的科学家的数量的 45.71%。他们在各自的领域内研究取得重大成果，成为推动第二次工业革命、第三次工业革命的中坚力量。科学研究创新是一个长期的、持久的研究过程，而这些成果或在几十年、上百年之后，成为社会上普遍的科技应用。

1700 年之前到 1800 年之间出生的科学家，共计 16 人，这 16 人把数学、物理、天文、哲学、发明、思想等学科，从无到有逐步奠定了基础，更是开启了第一次工业革命，他们居功至伟。

1900 年到 1950 年间出生的 3 位科学家，都对人类社会的发展与稳定做出了重大贡献，开启了第三次工业革命，更影响着第四次工业革命的发展。但这 50 年间，科学家的人数同比减少，这也意味着，在科学界取得重大突破创新的机会越来越少。如果以 50 年为一个时间段，那么，1950 年到 2000 年，会涌现出多少位伟大的科学家呢？会集中在哪些学科领域？

在这份伟大科学家的排行榜上，共计 35 人，其中：

物理学家　　　　　　　　　　23 人

数学家　　　　　　　　　　　12 人

| | |
|---|---|
| 物理、数学家 | 9 人 |
| 3 个学科以上的科学家 | 7 人 |
| 发明家 | 6 人 |
| 天文学家 | 6 人 |
| 哲学家 | 5 人 |
| 化学家 | 4 人 |
| 企业家 | 3 人 |
| 全才式科学家 | 2 人 |

物理学家共计 23 名，占了总人数的 65.7%，数学家共计 12 名，占名单总人数的 34.3%。也就是说，物理学家和数学家这两项最多，合计35 个，与名单总人数相等。在不含多项的情况下，这也说明了物理学家和数学家在推动工业革命和社会发展的进程中，发挥了决定性的作用。至少在理论研究的创新上，物理学家竞相站在前面巨人的肩膀上，不断创新，使物理学的发展取得举世瞩目的成就。物理学的基础研究没有止境，未来的物理学还会继续有更大的突破，让我们拭目以待。

数学家占了 12 名，应该说数学和物理学是相互印证的关系，因此榜单上既是数学家又是物理学家的，共有 9 人。从这 9 个科学家的成就来看，他们明显优于单科的科学家，研究成果更优秀、更伟大。

兼三个学科以上的科学家共有 9 人，其中 2 人属于全才，取得更大的成就。不论是在理论还是在产业的实践中，他们两人是绝无仅有的巨人。应该说，这 9 个人举世瞩目的成就，在于综合实力。记得中国一句名言：穷则变，变则通，一通百通。如果这句话用在他们 9 个人身上，则是相当符合。基础研究、基础学科创新，一通百通可能有点过，但是一通十通应该是没有问题的。比如物理学和数学，相互关联和印证是有的，也是融合得最好的两个学科。

　　发明家有 6 人，企业家有 3 人，其中 3 名发明家也是企业家。爱迪生、诺贝尔、贝尔的公司也是一个伟大的创举，把自己的发明，变成推动社会发展的商品，直到现在，依然发挥着不可替代的作用。他们在前人理论的基础上，转化为实际的社会生产力，来推动社会生产效率的提高。不管多么伟大的物理学家、数学家、化学家，最终还是由发明家来完成研究成果的最终转换。现在的发明家很多，更多的是以公司发明人的身份出现，以公司创新的总体实力，逐步去攻克一个个理论变成实用的技术。

　　发明在路上，正在加速前行。也可以做一个比方，因为我们现在的科技水平，还是在不断消化、吸收 2000 年以前的科研成果。比如在 5G 标准制定中，美国高通推的 LDPC 是美国麻省理工学院 Robert Gaiiager 于 1963 年在博士论文中提出的一种具有稀疏校验矩阵的分组纠错码，几乎适用于所有的信道，因此成为编码界近年来研究的热点。

　　华为主推的 Polar 码是极化码。在 2008 年国际信息论坛 ISIT 会议上，Arikan 首次提出了信道极化概念，基于该理论，他给出了人类已知的第一种能够被严格证明达到信道容量的信道编码方法。Polar 码具有明确而简单的编码及译码算法。当前 Polar 码所能达到的纠错性能超过了目前广泛使用的 LDPC 码、Turbo 码。

　　通过美国高通、中国华为的 5G 标准之争，我们明显地看到，在应用中的高科技通讯，很多都是几十年前，甚至是近百年前的研究成果，直到现今，仍然大行其道。华为主推 Polar 码第一个原因就是该码是2008 年提出的，而且性能超过了目前使用的其他两种编码；第二个原因就是可以避开美国高通的专利布局，使相互之间的竞争推动产品创新和技术升级。当然，不可否认的是 Polar 码比 LDPC 码问世晚了 45 年，更具时代的技术优势。希望华为在 6G、7G 的国际标准的制定中，把 Polar 码主推成新的国际标准。

天文学家 6 名，从古代到现代，从时间分段上看，比较均衡。天文学家不仅拓展了我们的认知维度和经度，更是向我们的起源和归宿做了预测，为探寻未知的文明提供方向。

哲学家同时又是物理学家的共 5 名，其中 4 名哲学家兼有 3 个学科以上。可以说，是哲学提高了这些科学家研究的效率与进程，用哲学的思维来进行基础研究与创新时，效果更为显著；而研究的进程，反过来又提高科学家的哲学水平，是相互促进、相得益彰的两个学科。集物理学家、数学家、哲学家三者于一身的有 3 个人，分别是牛顿、伽利略、阿基米德。从这三个人看，他们都是科学家中的巨匠，他们的研究创新至今深深地影响着我们的生活。

化学家有 4 名，既有纯粹的化学家，也有物理学家兼化学家，更有发明家兼化学家。由此来看，化学家与发明家最容易形成直接的成果，并推动社会发展。

以上是针对相关学科的科学家做的一个分析，这些伟大的科学家推动了社会的科技进步，也给我们一个清晰的研发路径。特别是要站在巨人的肩膀上，更上一层楼，而更让我们期待的是，1950 年以后出生的科学家，既要耐得住寂寞，也要做得出成果，不仅要推动各学科的理论创新，更要推动理论的实际应用创新。创新，一直在路上。

# 第六章　从应用创新说起

　　应用创新，也就是技术的应用创新，这也是目前国内企业普遍处于的一个阶段。国际标准的制定、基础创新发明都离我们比较远。我们需要做的就是技术的终端应用，细分市场的开发，从这两个方面来讲，就是技术的应用创新。就拿 LED 照明行业来讲，日本的赤崎勇、天野浩、中村修二三人共同获得 2014 年度的诺贝尔物理学奖。诺贝尔物理学奖是一个极高的荣誉，同时授予三名日本人，非同寻常！因为三名获奖者发明的蓝色发光二极管 LED 已经被广泛用于照明和显示器领域。瑞士皇家科学院在颁奖声明中说："随着 LED 灯的问世，我们现在拥有更持久和更高效的替代光源。"

　　LED 的发明，揭开了第四代光源的篇章，LED 相比传统的白炽灯、节能灯而言，电光转换率可以达到 50% 以上，发光亮度更高。在同样的用光环境下，LED 的功率更小，比节能灯节约能耗 50% 以上。随着 LED 产业的发展，LED 逐步成为生活照明、商业照明的主要光源。

　　LED 在中国的发展经历了一个过山车。虽然 LED 的发明者是日本人，但在国际上应用最广的、产量与细分量最多的，都是在中国。自

2009 年国家鼓励新能源行业的发展政策一经公布，国内 LED 企业如雨后春笋般地迅速增长，截止到 2011 年底，中国的 LED 企业达到 11 万家！在国家政策的大力支持下，国内 LED 产业链各环节得到快速发展，部分 LED 企业的产品达到世界先进水平。

国际市场上 LED 保持快速增长的态势，主要得益于 LED 在室内的通用照明、建筑照明、景观照明、背光源，户外 LED 大屏幕等的需求爆发式增长。随着 LED 技术的不断提升和成本的逐步下降，LED 在照明领域的市场占有率将进一步提高。在汽车照明、特种照明、小间距 LED 显示屏等应用方面进一步扩展，这将成为推动未来 LED 新光源爆发式增长的主要驱动力。

从 LED 行业来讲，LED 直接颠覆了传统的照明行业，从性价比上逐步占据优势，成了照明产业的主流。LED 行业的发展，就是一个典型的应用创新：日本的原创发明，到中国后不断细分照明应用，这也许是一个完美的组合。日本人发明的 LED 蓝光，而中国人则在产业化与市场化上做得最好。从路灯、LED 屏、筒灯、射灯、灯管、球泡灯、信号灯等等，应用创新产品类别多，针对性强。

特别是潍坊亿达交通科技又在 LED 的基础上，利用 LED 黄光高显色、低亮度的特点，与二次透镜相结合，研发了高速公路大雾照明专用灯、公路隧道前照照明专用灯、车用雾灯等细分产品。高速公路大雾照明专用灯可以提高在大雾、团雾天气时的能见度，以此来降低大雾、团雾天气时的交通事故发生率，提高高速公路全天候的安全通行率。高速公路大雾照明专用灯和公路隧道前照照明专用灯，填补了国内市场空白，这就是典型的应用创新。

可以说我国企业应用创新的能力是世界第一也毫不为过。20 世纪

90 年代风行一时的 VCD 大家应该还有印象，这就是典型的应用创新，带给中国一个崭新的行业，就是 VCD 行业。

1992 年，在美国举办的国际广播电视技术展览会上，美国 C—CUBE 公司展出的一项不起眼的 MPEG（图像解码压缩）技术引起了时为安徽现代集团总经理姜万勐的兴趣。他凭直觉立刻感到，用这一技术可以把图像和声音同时储存在一张小光盘上。1993 年 9 月，姜万勐将 MPEG 技术成功应用到音像视听产品上，研制出后来大行其道的视听产品——VCD。

在 1993 年安徽现代电视研究所的 VCD 可行性报告中，有这样一段描述：这是本世纪末消费电子领域内，中国唯一可能领先的机会。根据市场调查 1993 年国内市场上组合音响的销量是 142 万台，录像机的销量是 170 万台，LD 影碟机销量 100 万台，CD 激光唱机 160 万台。当时 LD 光盘是四五百元一张，而 VCD 机光盘价格只有 LD 光盘的 10% 左右，因此可以预测，VCD 机每年的销量将达到 200 万台左右。

姜万勐创建的万燕公司初创是成功的，也是辉煌的，但同时也给自己酿下了一杯苦酒。令姜万勐伤心的是，万燕推出的第一批 1 000 台 VCD 机，几乎被国内外公司买去做了样机，成了解剖的对象。后来有人认为姜万勐最大的失误就是不懂专利保护，姜万勐曾坦率地回答记者："在当时情况下，自己认为申不申请专利似乎意义不大，关键是产品要占领市场"。

也正是这一念之差，使姜万勐失去了一次极好的统领市场的机会，同时也使中国在这一产业的发展中失去了本应占有主动权的半壁江山，但却使国内众多 VCD 企业加速发展起来。到 2000 年全球 VCD 机销量达 1 610 万台，而升级产品 DVD 的销量更是达到了 2 780 万台。这样的销量是安徽现代电视技术研究所万万没有想到的，正因为在申请专利上的疏忽，使得万利达、厦华、先科、爱多、步步高等企业，你方唱罢我登场，演绎出 VCD 行业的兴衰大戏。

技术的应用创新总的来讲可以分为三个层面：产品创新、附加值创新和行业创新。以上两个例子，LED 照明的应用创新可以说是行业创新，就是照明产业又细分成众多的照明细分行业，如 LED 屏、LED 生活照明、工业照明、商业照明、大雾照明、医疗照明等等。而 VCD 机则属于产品创新，没有形成大的产业链。附加值创新也是国内企业热衷并举一反三不断使用的手段。

说到附加值创新，我想大家肯定比较熟悉，这可以说是营销推广的一个亮点，这个点一定是大家都关注的一个小局部的问题，但这个小亮点却成了影响整个产品销量的关键点。如果整个行业都在推广和吹捧这个小局部的亮点，而你的公司不跟进，那么，就注定在销量上落了一大截。比如空调行业，前几年一直在推空气净化的负氧离子功能，有这个功能的空调，价格贵了一大截，而负氧离子发生器的成本才百十元而已。但就这么百十元的一个额外的配件，让空调的整体价格大幅度上涨，这就是附加值创新。

再比如说汽车行业，汽车是出行必备的，要求的是机械性能的可靠性。但是现在的广告和厂家的设计初衷，都已经变了。现在汽车宣传已经在中控大屏和电子设备的夸大定位上了。电子设备增多了，而忘了机械的可靠性水平的提升，直接的结果就是汽车行业的投诉率逐年增多。汽车是大件耐用品，现在却成了电子快消品的节奏，而用电子快消品的方式固然可以提高汽车的科技含量，提高汽车的整体售价，但买单的是消费者，最终会发现用高价买的汽车，最终追求的还是可靠性。特别是现在推行电动汽车，售价比燃油车贵了一大截，虽然每天充电的电费比燃油费用少一半，但是电动汽车的蓄电池使用寿命最多也不过六年，而每辆车更换蓄电池的费用要超过六万。这六万元分摊到六年的使用时间内，每年分摊一万元，足够家用汽车的燃油费了。那么，电动汽车每天充电的电费呢？

在面临能源战略布局的时候，电动汽车是一个选项，对环境保护也是好的一面，但蓄电池的生产和回收处理，本身就加剧了二次污染。随着科技的发展，很多问题都会迎刃而解。所以说，附加值创新，是国内企业使用率最高的。应用创新不仅仅是技术，在企业经营模式、营销中也是屡试不爽，这就是中国企业在规模上迅速做大的主要推动力。

# 第七章　工业革命源自创新

工业革命源自创新！而中国自古以来就是一个发明创造大国，更确切地讲，中国在清代以前，一直是世界上的发明大国、经济大国、文化大国。即使到了清朝，中国的 GDP 总量仍占全球的 40% 以上，这一切都是由中国的农业社会创新的长久积累所形成的。

从世界发展史来看，中国是世界上最早进入奴隶制社会的，又是最早进入封建社会的，这意味着中国社会体制的不断改进与创新。而创新的同时，积累了巨大的社会财富。但我们也应该清楚地看到，不论是奴隶社会还是封建社会，中国所处的历史阶段在农业社会相对于其他国家而言都是领先！

当工业革命在英国发生，而后欧洲各国相继发生工业革命，又延续到美国。工业革命的发展，使得以上国家迅速在科技领域强大起来，更重要的是形成了门类齐全的工业体系。工业体系的不断健全，又催生了新一轮的发明创造，并形成新的工业产业，推动了社会的快速发展。

1773 年，机械师凯伊发明了"飞梭"，大大提高了织布机的织布速度，纺织顿时供不应求。

1765 年，织工哈格里夫发明的"珍妮纺织机"首次出现在棉纺织业，引发了发明机器、进行技术革新的连锁反应。

1785 年，瓦特制成的改良型蒸汽机的投入使用，提供了更加便利的动力，得到迅速推广，大大推动了机器的普及和发展，人类社会由此进入"蒸汽时代"。

1807 年，英国人富尔顿制成了以蒸汽为动力的汽船并试航成功。

1814 年，英国人史蒂芬孙发明了"蒸汽机车"。

1825 年，史蒂芬孙亲自驾驶一列拖有 34 节小车厢的火车试车成功。由此人类的交通运输进入一个以蒸汽为动力的时代。

1840 年前后，英国的大机器生产基本取代了传统的工厂手工，工业革命基本完成。英国成为世界上第一个工业国家。

19 世纪末，工业革命逐渐从英国向西欧大陆和北美传播，再逐渐扩展到世界其他地区。

随着自然科学的研究取得重大突破，也是自 1870 年以后，由此产生的各种新技术、新发明层出不穷，并被应用到各个生产领域，促进经济的进一步发展。

第二次工业革命蓬勃兴起，人类开始进入电气时代。

1866 年，德国人西门子发明了发电机，到 70 年代，实际可用的发电机问世。电机开始用于替代机器，成为补充和取代蒸汽机的新能源。随后，电灯、电车、电影放映机相继问世，人类进入电气时代。

19 世纪七八十年代，以煤气和汽油为燃料的内燃机相继问世，90 年代柴油机发明成功。内燃机的发明解决了交通工具的发动机问题。80 年代德国人卡尔·费里特里奇·本茨等人成功制造出以内燃机为动力的汽车、轮船、飞机等。内燃机的发明，也推动了石油开采业和加工业的快速发展。

19世纪70年代，美国人贝尔发明了电话。90年代意大利人马可尼试验无线电报取得了成功，都为迅速传递信息提供了方便。世界各国的经济、政治和文化联系进一步加强。

由第一次工业革命和第二次工业革命可以看到，第一次工业革命期间，许多技术发明都源于工匠的实践经验，科学和技术尚未真正结合。第二次工业革命期间自然科学迅速发展，开始同工业生产密切地结合起来，科学在推动生产力发展方面发挥了更为重要的作用。科学与技术的结合，使得第二次工业革命取得了巨大的成果。

第一次工业革命首先发生在英国，重要的新机器和新生产方法主要是由英国发明的，其他国家工业革命的发展进程相对缓慢。第二次工业革命几乎同时发生在几个先进的资本主义国家。新的技术和发明超过了一国的应用范围，使其规模更加广泛，发展也更加迅速。

第二次工业革命开始时，有部分资本主义国家如日本尚未完成第一次工业革命。因此，对这部分国家来讲，第一次工业革命和第二次工业革命是交叉进行的。这部分资本主义国家既可以吸收第一次工业革命的成果，又可以直接利用第二次工业革命的新技术。所以，这部分资本主义国家的经济与技术也取得较大、较快的发展。

20世纪四五十年代开始，也就是第二次世界大战结束后，以原子能、航天技术、电子计算机技术、分子生物学和遗传工程等高新技术为主的新科学技术革命，被称为"第三次科技革命"，也就是第三次工业革命。第三次工业革命的出现，是由于科学理论出现重大突破。一定的物质、技术基础的形成，也是由于社会发展的需要，特别是第二次世界大战期间和第二次世界大战后，各国对高科技的迫切需要。

1957 年，苏联发射了世界上第一颗人造地球卫星，开创了空间技术发展的新纪元，也极大地刺激了美国。

1958 年，美国发射人造地球卫星。

1959 年，苏联发射的"月球"2 号卫星成为最先把物体送上月球的卫星。

1969 年，美国实现登月计划。

1981 年 4 月 12 日，美国第一个可连续使用的航天飞机"哥伦比亚"号试飞成功。

第三次工业革命的成果还表现在原子能技术的利用和发展：

1945 年 7 月 16 日，美国成功试爆原子弹。

1949 年 8 月 29 日，苏联成功试爆原子弹。

1952 年，美国成功试爆氢弹。

1960 年 1 月 13 日，法国成功试爆原子弹。

1964 年 10 月 16 日，中国成功试爆原子弹。

原子能技术首先被用于军事领域，和平利用核能也开启了大门：

1954 年，苏联建成了第一个原子能核电站。

1957 年，苏联第一艘核动力破冰船下水。

到 1977 年，世界上有 22 个国家和地区拥有 229 座原子能发电站。

电子计算机技术的利用和发展更是一个大的突破：

40 年代后期，电子管计算机为第一代计算机。

1959 年，晶体管计算机研制成功，运算速度每秒 100 万次以上。

60 年代中期，出现集成电路，使计算机运算速度达到每秒 1 000 万次以上。

70 年代发展为第四代大规模集成电路，每秒运算速度超过 1.5

亿次。

80 年代发展为智能计算机。

90 年代出现光子计算机、生物计算机。

基本上每隔 5~8 年，运算速度提高 10 倍，体积缩小 10 倍，成本降低 10 倍。第三次科技革命以原子能、计算机、空间技术和生物工程的发明和应用为主要标志，是涉及信息技术、新能源技术、新材料技术、生物技术、空间技术和海洋技术等诸多领域的信息控制技术的革命。第三次工业革命不仅极大地推动了人类社会经济、文化、军事领域的变革，还影响了人类的生活和思维方式，促进了世界范围内社会生产率的提高，在社会和技术创新进步的推动下，我们迎来了第四次工业革命。

第四次工业革命是继蒸汽技术革命、电气技术革命、计算机信息技术革命后的又一次技术革命。第四次工业革命是以人工智能、清洁能源、机器人技术、量子信息技术、可控核聚变、虚拟现实以及生物技术为主的技术革命。

2006 年，德国政府通过《高技术战略 2020》，该文件的重点为《未来项目——工业 4.0》。德国政府从 2010 年到 2013 年为高新技术战略投入大约 270 亿欧元。

2013 年，德国汉诺威工业展览会于 4 月 7 日至 11 日举行，全球 65 个国家和地区的 5 000 多家公司参展，中国以近 600 家参展商的规模成为东道主德国以外的最大参展国。在为期 5 天的展会中，"工业 4.0"概念备受舆论关注，作为工业领域的全球展会，汉诺威工业展览会推动了"第四次工业革命"。这是参展商和观众给予本届展会的最高评价。

作为德国"工业 4.0"的对标，2015 年 5 月 19 日，中国国务院正式印发了《中国制造 2025》，是党中央、国务院总揽国内外发展大势，站在增强我国综合实力、提高竞争力、保障国家安全的战略高度作出的重大战略部署。新一代信息技术与制造业深度融合，加上新能源、新材料、生物技术等方面的突破，正在引发影响深远的变革。

2011 年，美国推行实施"美国先进制造业伙伴关系计划"。

2012 年，美国实施"美国先进制造业国家战略计划"。

2013 年，德国制定"德国工业 4.0 战略实施建议"。

2013 年，法国制定"新工业法国战略"。

2014 年，日本推出"日本制造白皮书"。

2015 年，中国推出"中国制造 2025"。

在国际上，各经济大国、制造大国都不约而同地推出自己的工业 4.0 计划，这不仅仅是表态，更是各国都在争夺第四次工业革命的标准！当我们回首工业革命的发展史，就可以清楚地看到工业革命的未来。

第一次工业革命以发明蒸汽机为标志，第二次工业革命以发明发电机和内燃机为标志。可以这样说，第一次工业革命和第二次工业革命都是以个人的发明推动社会的工业化、机械化的。

第三次工业革命以原子能、空间技术、计算机技术为标志，都是以国家实力作为背景出现的。第四次工业革命以企业创新为主题、以国家竞争为体现，把第四次工业革命的进程演化成了工业革命标准的竞争。德国最早提出"工业 4.0"概念，美国紧跟推出"美国先进制造国家战略计划"。2013 年法国推出"新工业法国战略"，2014 年日本推出"日本制造白皮书"。2015 年，中国推行"中国制造 2025"。各个国家推行的都是第四次工业革命为特征的本国标准，或者说是以第四次工业革命为背景，各国都在争夺第四次工业革命的国际标准。

　　第四次工业革命最大的核心，是以信息技术与制造业的深度融合为主导，而这个深度融合的前提就是信息技术的高度发达、高度成熟，成为整个制造业的"中枢神经系统"。只有让制造业有了中枢神经系统，才能够让制造业高度智能化、自动化，从而达到各国的工业4.0，也就是第四次工业革命的本质，都希望本国的标准成为国际的标准，以争夺国际市场第四次工业革命的发展红利。

　　在争夺第四次工业革命市场红利的背景下，信息技术作为整个新工业革命的中枢神经控制中心，自然成了各国争先发展、争夺的核心。作为世界上经济、军事实力最强大的美国，自然不肯放过这个重大机遇。美国清楚地看到，以中国华为、中兴为代表的信息技术企业，不仅蚕食了美国、西欧众多信息技术企业的国际市场，而且以强大的研发能力，不断向本行业的国际标准制定发起冲锋。

　　以前国际标准只由以美国、欧盟为首的企业来制定，卧榻之下岂容别人酣睡！美国和欧盟用尽手段阻击中国华为，在这一方面显得坚决而又固执。正是美国的别有用心，所以自2018年对中兴通信的封杀也有其必然性，但第四次工业革命的国际标准之争才刚刚开始。

# 第八章　从四大发明看发明的延续性

中国历史悠久，文化、技术具有延续性。朝代的更迭，特别是制度不断改进，为发明创造提供了更好的发挥空间。中国古代的四大发明影响深远，更是左右社会进步的主体。今天我们再回头看看我们的四大发明，从中寻找前进的路径。

2007 年，英国《独立报》评出了改变世界的 101 个发明。来自中国的造纸术、印刷术、指南针、火药、算盘位列其中。中国古代的四大发明直到今天，还是对我们生活起到不可或缺、不可替代的作用。不过，中国的四大发明，亦在不断进化中。

**造纸术：**

在西汉初期发明了造纸术，到了公元 105 年，东汉的蔡伦改进了造纸术，史称"蔡侯纸"。造纸术的发明与改进成熟，是人类书写材料的一次伟大革命。在近 2 000 年的时间里，一直发挥着不可替代的作用。造纸术的发明与应用，极大地降低了社会的书写成本，使文字记载更易传播。

纸，是我们生活中随处可见的消费品，如办公用纸、印刷用纸、生活用纸、特种纸等等。2017 年中国生活用纸 1295.7 万吨，同比增长 12%。以产量来看，呈现逐年上升的趋势。2015 年增幅最大，约为 20%。

根据相关数据统计，2012 年到 2017 年全国纸制品量有增无减，其中 2016 年全国纸制品产量最高，为 7 190.3 万吨，2012 年最少，为 4 803.8 万吨。2017 年全球纸和纸制品产量为 41 032.4 万吨，比 2016 年增长 0.35%。亚洲是全球最大的纸和纸制品生产地区，产量为 19 279.1 万吨，增长 0.2%，占全球纸和纸制品产量比重的 46.99%。欧洲产量为 10 549.43 万吨，增长 1.23%，占全球比重的 25.71%。北美产量为 8 191.2 万吨，增长 0.12%，占全球比重的 19.96%。拉美地区产量 2 202.6 万吨，同比持平，占全球总产量的 1.02%，大洋洲产量 391.5 万吨，增长 0.31%，占全球比重的 0.95%。

虽然办公领域开始推行无纸化，但是文件还是以纸质为多。生活用纸则是近些年增长最快的品类；另一个就是包装用纸。可以说，近 2 000 年前的发明，在现今社会仍然发挥着提高社会生活质量的作用，且更为明显。

### 印刷术：

在隋唐时期出现雕版印刷。公元 868 年印制的《金刚经》是世界上现存最早的雕版印刷品。11 世纪初，北宋的毕昇发明了活字印刷术，比欧洲早了 4 个多世纪。印刷术的发明，对人类文化的传播和保存，是一个重要的贡献。

在宋元时期，在原印刷技术的基础上，又发明了套色印刷技术。在山西应县木塔内，发现了辽代的红、黄、蓝三色佛像版画，这是目前我国最早的雕版彩色套印印刷品。

到了元代，王桢发明了转轮排字盘，加快了排版造字的速度，提高了排版的工作效率。

到了现代，王选的第四代激光照排技术，又一次让中国的印刷技术拥有了世界领先的地位。

1975年开始，王选主持中国计算机汉字激光照排系统和以后电子出版系统的研究开发。跨越日本的光机式二代机和欧美的阴极射线管式三代机阶段，开创性地研制当时国外尚无商品的第四代激光照排系统。

1987年5月22日，世界上第一张整页输出的中文报纸诞生！标志着方正将自己的核心技术成功转换为推动社会生产力发展的产品。

1991年，方正激光照排系统把国外厂商全部赶出中国出版印刷市场，99%的报社，90%的出版社和印刷厂都使用方正激光照排系统。方正激光照排系统又出口日本、新加坡等地，在国外引起轰动。现今，第八代方正激光照排系统已经在国内处于垄断地位，市场的占有率达到95%，并在全球中文市场占据90%的份额，中文激光照排系统市场份额全球第一！

1994年1月5日，原国家新闻出版署宣布：北大方正集团成功研制出高档彩色出版系统，标志着一场彩色印刷革命的开始。

从造纸术的发明，到现今纸张的多元化、多样化运用，既是技术创新，也是品类创新。印刷术从雕版印刷到活字印刷，再到第四代激光照排系统，都是在原发明的基础上，做出了新社会时期的再创新。这样的发明既有功能的延续性，又有技术创新的开创性，与时俱进，勇创新高。

### 指南针：

指南针是用以判断方位的一种简单仪器，前身是司南。主要组成部分是装在轴上可以自由转动的磁针，磁针在地磁场的作用下能保持在磁子午线的切线方向上。磁针的北端指向地理的北极，利用这一性能可以辨别方向，常用于航海、大地测量、旅行及军事方面。中国是世界公认的发明指南针的国家，指南针的发明，也是我国古代人们在长期实践中对物体磁性认识的结果。

指南针在我国古代应用广泛，最大的成就体现在明朝的郑和下西洋。根据史料记载，在明朝我国的造船技术有了长足的进步，大船可以载千人以上，而且海船中的生活设施齐全，配套洗漱设施，为远洋航海奠定了基础。根据《郑和航海图》，郑和使用海道针经（24/48 方位指南针导航）结合过洋牵牛术（天文导航），在当时是世界上最先进的航海导航技术。郑和七次下西洋，船队白天用指南针导航，夜间用观看星象和水罗盘定向的方法保持航向。可以说，中国古代的航海与中国发明的指南针密不可分，指南针的发明让中国航海走向了世界。

斗转星移，随着社会的发展，导航凸显了越来越重要的一面，已经与我们的生活密不可分。特别是出行，更为重要的是国防。以前国际上都在使用美国的 GPS 定位导航，但是美国在关键的军事定位导航中总是留一手，在现代军事竞争中抢得先机。中国是指南针的发明国，总不会受制于人！

北斗卫星导航系统应时而生！北斗卫星导航系统由空间段、地面段和应用段三部分组成，可在全球范围内，全天候、全天时为各类用户提供高精度、高可靠性定位、导航、授时服务，并具备短报文通讯功能。

定位精度 10 米，测速精度 0.2 米/每秒，报时精度 10 纳秒。

2017 年 11 月 5 日，中国第三代导航卫星发射升空，它标志着中国正式开始组建"北斗"全球卫星导航系统。

2018 年 8 月 25 日，我国用"一箭双星"的方式成功发射第三十五、第三十六颗北斗导航卫星。

2018 年 9 月 19 日，我国用"一箭双星"的方式成功发射第三十七、第三十八颗北斗导航卫星。

2018 年 10 月 15 日、11 月 19 日，分别用"一箭双星"的方式将第三十九、第四十、第四十二、第四十三颗北斗导航卫星成功发射。

2018 年 12 月 27 日，北斗卫星导航系统服务范围正式由区域扩展为全球，北斗卫星导航系统正式迈入全球时代！中国北斗卫星导航系统是由中国自行研制的全球卫星导航系统，是继美国 GPS、俄罗斯GLONASS、欧洲伽利略卫星导航系统之后第四个成熟的卫星导航系统。

北斗卫星导航系统的成功商用，是中国在继指南针后，在导航系统国际化的今天，又拥有的新的开创。


**火药：**

火药是中国的四大发明之一。火药发明于隋唐时期，距今有一千多年的历史，而欧洲人在 13 世纪才懂得黑火药的作用。经过数世纪的发展与改良，黑火药兵器逐步取代冷兵器，在战争中形成革命性的影响。

恩格斯曾指出："火器一开始就是城市和以城市为依靠的新兴君主政体反对封建贵族的武器。以前一直攻不破的贵族城堡的石墙抵不住市民的大炮。市民的枪弹射穿了骑士的盔甲，贵族的统治跟贵族身披盔甲的骑兵队同归于尽。"

中国发明了火药，但火药的发扬光大与不断革新却都是在欧美完成的，并于清朝末年和民国时期，让八国联军和日本用中国的发明带给中国深重的战争灾难。美国在第二次世界大战末期成功试爆了原子弹，更是用来恐吓刚刚成立的新中国。

新中国成立后，毛泽东等老一辈革命家高瞻远瞩，大力推进中国的核武器研究。中国科学家们在克服条件简陋、工作艰苦的现实环境后，于 1964 年 10 月 16 日成功试爆中国自主研发的第一枚原子弹。两年零两个月后，氢弹原理试验爆炸成功，又过了半年，中国第一枚氢弹试爆成功。

中国作为火药的发明国，火药的发展在国外转了一圈又回到中国，让中国的国防强大了起来，从此不再受核大国的恐吓与核敲诈。这是中国人自主创新、自主发明的硬实力。

马克思评价中国古代的发明："火药把骑士阶层炸得粉碎，指南针打开世界市场并建立殖民地，而印刷术则成了新教的工具。总的来说，变成了科学复兴的手段，变成对精神发展创造必要前提的最强大的杠杆。"中国古代的四大发明深度影响了世界，而在新时代的背景下，中国的四大发明也迎来新的生命力，在与时俱进的科学技术发展中焕发新的生机。创新永远不过时，发明没有止境。只有在原发明的基础上，站在巨人的肩膀上，才可以让发明创新更具时代价值。也只有不断地回顾历史，才能更好地找到通向明天发明创造的新路径。

# 第九章　创新有迹可循

　　创新难吗？创新很难！创新有路径可循吗？创新真的有迹可循！回顾中国古代的四大发明，再结合现代社会的新元素、新科技，可以清楚地看到创新的路径。比如中国的火药，最初是炼丹偶然的产物，但古代中国只是看到火药善的一面。直到今天，中国人在火药善的一面的创新，应该说还是领先于世界的！黑火药在中国古代发明后，在民间的应用最为广泛的，还是我们节庆日常用的烟花爆竹。说起烟花爆竹，例子不胜枚举。

　　宋代王安石的《元旦》一诗：爆竹声中一岁除，春风送暖入屠苏。千门万户瞳瞳日，总把新桃换旧符。这首诗描绘正月初一燃放爆竹，烘托节日的热烈气氛。可以说，隋唐发明的火药，到了宋代爆竹的燃放已经相当普及，成为中国传统文化的一个热点。

　　即使到了文明和科技发达的现代，烟花爆竹还是有其不可替代的特点。2008 年北京奥运会开幕式，相信大家都会记得：29 束烟花依次燃放，组成 29 个脚印，从皇城一直到鸟巢，从历史到现代。穿越了时空，穿越了历史，震撼了北京，同时也震撼了世界！因火药爆破技术而出名的蔡国强，将 29 只巨大的火焰脚印送到北京上空，整个世界都被其绚丽所震撼，让世界深深地记住了中国。

在蔡国强的眼中，它是最有趣的创作媒介，它无法掌控、难以预测，它让人相信思考的力量和哲学。正是他把火药演绎成了艺术，把它从中国带到日本、带到纽约、带进了世界顶级的艺术家圈层。它代表了中国的火药艺术，更代表了中国的善。中国自古以来就是热爱和平的，在火药的发展中就是善的最佳体现。

事分两面，有善就有恶。善恶是相对的，有时候则是立场的不同而凸显出来。

诺贝尔，全名阿尔弗雷德·贝恩哈德·诺贝尔。出生于瑞典斯德哥尔摩，是瑞典化学家、工程师、发明家，更是诺贝尔奖的出资人，以表达他作为炸药发明人而感到杀孽的忏悔之情。

1860 年，开始从事硝化甘油炸药的研究。

1863 年，发明硝化甘油用雷管，同年 10 月获得硝化甘油炸药的专利。

1864 年 10 月，成立硝化甘油炸药公司。

1866 年，制造出固体安全烈性炸药"达那马特"。

1867 年 5 月，获得英国炸药专利，新的诺贝尔雷管发明成功。

1878 年，发明可塑炸药。

1887 年，取得喷射炮弹火药专利。

诺贝尔一生有各类炸药及人造丝等近 400 项发明，获得 85 项专利。但诺贝尔的发明，特别是炸药的不断发明更新，主要用于战争。也可以这样说，诺贝尔的炸药，直接引发了战争规模的扩大和大量的人员伤亡，更是第一次世界大战和第二次世界大战的间接制造者！如果没有炸药，如果没有喷射炮弹火药的发明，我相信第一次世界大战和第二次世界大战不会有这么大的战争规模，更不会造成15亿人口卷入第一次世界大战，伤亡3 000万人。而第二次世界大战共有5 500~6 000万人死亡，1.3亿人受伤，伤亡的人中，大部分为平民！

可以说，诺贝尔打开了火药的潘多拉魔盒。而两次世界大战共计2.1亿人员伤亡的巨大悲痛并没有离我们远去，现在的世界依然有持续不断的战争，而这一切都与诺贝尔有千丝万缕的联系。如果说中国一直在弘扬火药的善，诺贝尔则释放了火药的恶，而这份恶依然张牙舞爪，伺机而动。

以上两个创新都是以古代的发明为基础，用现代的二次发明让其变得更符合现代化的需求。也可以这样说，原有领域内的传统产品，更具备二次新发明的潜力。用现代的新发明，让过去的发明重新焕发新的风采。用这个案例来说明，是可以按轨迹来重新发明的。也可以说，创新是有迹可循的，只是创新点隐藏在细节里，你会找到并解决吗？

# 第十章　专利法修改推动中国创新

创新需要相适应的环境，这个环境就是国家的专利保护、产业化进程的政策支持和顺畅的投融资配套。

一个国家社会稳定、法制性强，才是最好创新环境。国家和社会稳定，就不会有紧急状态、战争状态，如果处于战争状态，国家的资源以军事优先，在这样的社会环境下，创新也是军事优先。民用技术则会相对滞后很多，创新与保护也就无从谈起了。

有了国家和社会的稳定，专利保护法就显得尤为重要。从 1474 年威尼斯颁布第一部具有近代特征的专利法，并于 1476 年批准了第一件有记载的专利，成为世界上第一个建立专利制度的国家开始，发明创新保护开启了人类历史上技术革新的快车道。

1624 年英国制定《垄断法规》，1790 年美国制定实施专利法，1791 年法国制定实施专利法，1820 年西班牙制定实施专利法，1826 年日本制定实施专利法，1877 年德国制定实施专利法。从这些国家相继制定实施专利法的进程来看，这些国家相继完成第一次工业革命和第二次工业革命后，成为世界上先进的经济强国，这也与同时期的国家稳定和立法密切相关。通过立法保护创新，带动技术进步。技术进步则推动生产力的不断提升，从而成为经济强国，环环相扣，步步推进，这就是专利立法最大的红利。专利保护的立法，保护的是经济的健康成长，是保护创新的原动力。

专利法，是创新的加速器，更是经济的发动机，亦是国家之间竞争的手段。通过专利法在各个国家实施的时间，也可以看到第一次世界大战和第二次世界大战的背后，是从技术创新成果的汇聚、资源的争夺，再到后来人才的争夺。专利法的立法、执法，制止了恶意的侵权、复制，严厉地打击了知识产权的小偷行为和强盗理论。使创新者有其权益，付出者有其收益，在巨大的权益和收益面前，越来越多的人走进了创新的大潮，赶利益的海。

虽然晚了很多年，但终归是来了。1944 年，国民党政府公布过专利法，这是中国历史上第一部专利法，但在这个时间段公布实施，对中国的影响微乎其微。新中国成立后，随着改革开放的大发展，知识产权制度亟须与国际接轨，更是出于保护中国的发明创新，中国第一部真正意义上的专利法于 1985 年颁布实施。

1985 年 4 月 1 日，中国专利法正式实施。

1992 年 9 月 4 日，第七届全国人民代表大会常务委员会第二十七次会议通过《关于修改〈中华人民共和国专利法〉的决定》，是中国对《专利法》根据社会、经济发展的需要，第一次进行修订。

2000 年 8 月 25 日，第九届全国人民代表大会常务委员会第十七次会议通过了《关于修改〈中华人民共和国专利法〉的决定》，宣布修改后的《中华人民共和国专利法》自 2001 年 7 月 1 日起施行。

2008 年，《全国人民代表大会常务委员会关于修改〈中华人民共和国专利法〉的决定》已由中华人民共和国第十一届全国人大常委会第六次会议通过，修改后的专利法自 2009 年 10 月 1 日起施行。

2018 年 12 月，国务院常务会议审议通过了专利法修正草案，目前全国人大进行了第一次审议，专利法修改有望在 2019 年内完成。

2019 年 3 月 11 日，在十三届全国人大二次会议记者会上，国家知识产权局局长申长雨表示，我国专利法正在进行第四次修订。在此次专利法修订中，重点健全侵权惩罚赔偿制度，大幅度提高侵权违法成本。

中国专利法经历了从无到有、从有到优的一个发展健全历程。中国的改革开放，经济的搞活，必须要有法可依，特别是知识产权立法。经过几年的准备，中国第一部专利法于 1985 年 4 月 1 日正式实施。专利法施行第一天，国家专利局共接受 3 455 项专利申请，由此拉开了我国专利申请的新篇章。截止 2018 年底，我国发明人在 2018 年度的发明专利申请量为 154.2 万件，共授权发明专利 43.2 万件，其中国内发明专利授权 34.6 万件。

2018 年，国内发明专利授权量排名前三的企业是：华为技术有限公司 3 369 件、中国石油化工股份有限公司 2 849 件、广东欧珀移动通讯有限公司 2 344 件。其中，2018 年度共受理 PCT 国际专利申请 19883 万件，同比增长 9.0%。在申请 PCT 国际专利的企业中，华为技术有限公司以 5405 件高居全球第一，中兴通讯以 2028 件居全球第五名。

中国专利法实施 30 年来，正是中国经济飞速发展阶段，也是中国经济从弱到强，深化结构调整的见证。近些年中国发明专利申请与授权量持续增长，特别是 PCT 国际专利的申请量大幅度提高，到 2018 年，华为科技有限公司高居企业申请人第一名。这不仅仅是华为公司的荣誉，更是中国专利法的荣誉。中国专利法的实施，为企业、个人的技术创新加大了权益保护，促进了科技成果的转换，更加快了创新的速度和提高了创新的质量。

在国家稳定，经济发展利好的情况下，技术创新尤为重要，中国的发明创造底蕴和潜力正越来越快地体现出来。随着经济全球一体化的紧密合作，中国技术的专利化、专利的标准化趋势也越来越明显。把专利写入企业标准、团体标准、国家标准乃至国际标准，这不仅仅是对发明的最高荣誉，更是得到庞大的市场红利。特别是面对国际市场的庞大需求，国际标准的制定就成为国际领先企业之间的激烈争夺，国际标准的争夺是技术、专利和市场规则的具体体现。

# 第十一章　庞大的市场红利驱动创新

专利法是针对创新的保护，更是针对创新的许可性阶段垄断！只有垄断才是确保高利润的具体方式，只有确保高利润，才能促进创新。

目前的专利法，实用新型专利有十年的授权期，发明专利有二十年的授权期，到期后视情况还可以申请延长。这就是专利法与垄断法的不同，我们一般都反对垄断，因为垄断扰乱市场秩序，要打破这个暴利。而专利法授予的是短时间内发明人对市场、原创技术、产品的生产和销售的垄断，是对创新最优的奖励，这也是谁创新谁受益的循环。

真正的创新都是填补空白，这个空白就是技术的空白、基础研究的空白、市场的空白。发明人自己创造出来的新市场，理应自己独享。这个时间段内的市场独享，就是一个庞大的市场红利做支撑，从一项发明专利、一项 PCT 国际专利申请到各国的授权，再到国际标准的制定实施。那么，这项发明专利的市场独享就是全球市场，全球市场的标准制定与专利授权都在发明人的掌控之中。这个全球市场的庞大红利，怎能让人不怦然心动呢？心动不如行动，行动就是创新，就是创新专利化、专利标准化、标准利益全球化。

全球经济一体化的趋势越来越紧密，国际标准就是各个行业的一个行为规则，而行为规则又决定了企业发展的方式和速度。熟知则善于利用国际规则给企业创造红利，加快发展是硬道理，但前提是技术研发、管理创新、国家关系的人才聚集与利益分享到位。企业的全球化，同时也是技术的全球化、人才的全球化、管理的全球化，更重要的是利益分配的全球化。这不仅仅是创新者的红利，更是全世界人民的福祉红利。

中国企业与跨国企业、欧美企业相比，最大的差距是什么？中国企业缺少创新精神、创新战略，但是我认为，中国企业最缺的是对创新的耐性！

国内企业的技术积累底子薄，这是不争的事实，国外企业特别是跨国企业拥有大量的专利，并拥有制定国际标准的能力，反观国内企业就只能望洋兴叹了。研发创新是一个时间长、科技转换慢、投资巨大的消耗战！这是跨国公司几十年如一日的创新积累而来的。在长时间的创新研发中，对研发流程、研发标准、技术转换、标准制定等形成创新的流程化、项目标准化的管理模式，这才是值得国内企业好好学习的。

创新不是一日之功，国内企业在没有形成创新流程化时，已经放弃了，经过几次反复，白白浪费了创新的投资，却没有取得成果。特别是国内企业急功近利的思想，总想今天研究，明天出成果，后天占领市场，赚快钱，这肯定是将创新的过程看得过于简单了。原创性的技术创新也许要几年、十几年、几十年才能够突破，创新哪里能够一蹴而就？

国内企业的平均寿命不长，绝大部分企业都在为生存而战，而创新的持续性投入则是国内企业望而却步的，这也是一个原因，但总不能纠结于此而止步不前。特别是当中国企业在付给外企专利使用费时，既纠结又羡慕！是的，创新后的技术专利化、专利后的技术国际标准化，已经形成了一个专利与标准的捆绑。一个国际标准的推行，这类企业不用自己去生产产品占领市场来赚利润，仅仅通过专利授权，授权那些生产规模大的加工型企业就可以。专利授权的收费近似于公司的纯利润，而加工型企业的利润都很微薄，甚至是薄如刀锋。也就是说，研发技术的专利化和专利做成国际标准的核心，依靠专利授权来创造公司的营收与利润，这样的公司才是优质的公司。只有对研发的巨大投入与持续性，才能创造一劳永逸的专利授权收入。

通过专利授权来创造营收的公司不胜枚举。美国高通在 3G、4G 的专利与移动通信的国际标准紧紧捆绑，导致国内手机公司既要购买美国高通公司的手机芯片，又要向美国高通公司支付 3G、4G 标准的专利使用费。以 2014 年美国高通的年报为例，高通预计 2014 年营收 273 亿美元，其中专利授权收入 120 亿美元，授权收入占了总营收的 44%！这么大的一个比例，只能说明一个原因，美国高通前些年的研发投入，进入一个成本极低的回收期。而这个回收期会随着公司自身研发的发展，让制造企业更紧紧地捆绑到高通的阵营中，做高通公司利润的长期支付者。

国内外向型企业，特别是高科技企业，都或多或少存在向外企缴纳专利使用费的现实情况。不重视长期研发，中国企业只能跟在行业发展的后面，源源不断地向外企支付专利使用费，从而使外企的技术研发越来越强。部分中国企业已经成为外企研发的间接赞助者，这就是中国企业不坚持创新的循环宿命。

# 第十二章 创新的节点

中国企业正逐步从应用创新向基础创新和技术创新演进。国内优秀企业在突破生存期后走向发展期，企业的管理在向追求卓越迈进时，也是中国企业从应用创新向基础创新和技术创新演进的节点。

中国企业在应用领域称雄，必然会向基础创新和技术创新发展。中国自改革开放以来，不仅仅是经济、生活、文化等取得巨大的进步与发展，更是涌现出一批初具国际战略视角的企业。一如华为，不仅在应用创新领域成为典范，在基础创新和技术创新领域也是成绩显著。2018年成为PCT国际专利申请量最多企业，如果说这个还是申请量，而没有最终授权的话，那么，2018年的5G通信标准争夺战，就可以说华为已经从国际市场竞争的学校毕业了，具备了在国际标准制定中雄霸一方的实力。

中国企业以制造能力出海，在不久的将来，肯定会出现一批优秀的中国企业，实现以知识产权出海，以专利授权收费走向国际标准的舞台。以前总是说：一流企业做标准、二流企业做品牌、三流企业做生产。到了今天，中国的企业已经是准一流的企业，通过磨炼，会加速成为国际一流企业。

一流企业做标准，指的是优秀的公司以技术研发能力为支撑，以技术的专利化，推动国际标准的制定。将国际标准与企业自身拥有的专利相捆绑，以此来达到利用标准实现专利的垄断，以专利垄断市场，驱离潜在的竞争者，从而实现自身企业对市场的垄断，保障公司高速发展。

一流企业做标准，这个国际标准就是事实的国际垄断！要打破原有的国际标准很难，只有通过不断地创新，为下一轮的国际标准制定做准备，才有可能成为国际标准的制定者之一。也只有充分地、积极地参与到国际标准的制定中，才有机会成为一流的企业。

二流企业做品牌，这就是中国优秀公司引以为傲的阶段。改革开放前后，国内轻工及相关民生用品供不应求，在产品不愁卖的时期，品牌意识淡薄，这也属于制造大于一切的时期。随着市场的开放，特别是国外企业进入中国市场加剧了市场竞争，品牌也就分出高低层次了。国外企业技术和品牌运作能力远远胜于国内企业，国内企业也像个学生，在学以致用中奋起直追。从家电、洗化等领域开始，国内企业的品牌运作越来越成熟，逐步战胜国际品牌，成为中国本土市场的王者。但我们也清楚地看到，国内名牌企业，一出国门，一如竞争之初，中国企业在国际市场还只是个新兵蛋子。中国企业要向国际市场进军，先要迈过专利战、标准战等等，甚至是反倾销等各类不公平的刁难。在这种情况下，国际品牌成了中国企业的奢侈品。

品牌都做不到国际化，只能说，大部分的中国企业品牌只能算是区域品牌，最好也就是洲际品牌。在亚洲或许是，但对于全球来讲，中国很多品牌的影响力就微乎其微了。所以说，中国企业处在制造业的顶端，品牌的下端。如果说生产制造是1，品牌是2，制定标准的能力为3，那么，中国企业基本处于1.5的状态，部分优秀的企业处于2.5的状态。像华为这样的企业，或许处于2.8的位置，离3触手可及，近在咫尺。但就国内企业而言，像华为这样的企业，又会有多少呢？

# 第十三章 前车之鉴（案例）

1993 年 9 月，姜万勐将 MPEG 技术成功应用到音像视听产品上，成功试制世界上第一台 VCD，开启了 VCD 行业发展的序幕。VCD 行业不断发展，相继推出了超级 VCD、DVD 等产品，其中 DVD 成为后期的统一标准的名称。

众所周知，VCD 和 DVD 等产品的核心零部件都是采购外国公司的，国外公司拥有 VCD 和 DVD 零部件的专利权。1995 年，飞利浦、索尼公司的多媒体光盘系统 MMCD 和东芝公司的超密度光盘系统 SD，在 IBM 等计算机公司的大力推动下，将这两种格式进行了统一。经国际官方组织认可，形成了第一代 DVD 国际标准，DVD 开始大规模产业化，但与此同时，中国 DVD 企业的噩梦开始了。

2000 年，中国成为 DVD 最大的生产国和出口国，2001 年中国 DVD 产品出口量达到 1 050 万台。2002 年中国 DVD 产量已占全球产量的 90%，中国 DVD 产销背后存在一个巨大的隐患——DVD 核心专利和国际标准全部为外国企业掌控。DVD 的核心部件也是国外企业生产，中国的 DVD 企业只是一个组装工厂，基本没有自己的知识产权。

  1998 年，飞利浦、索尼、先锋三个公司组成了 3C 专利联盟，后来韩国 LG 加入进来。1999 年，东芝、日立、三菱、松下、JVC、时代华纳组成 6C 专利联盟，后来 IBM 加入该联盟。联盟组成后开始向全球的 DVD 生产企业进行联合专利授权许可！全球所有的 DVD 生产企业必须向联盟购买专利许可才能继续生产，否则就是侵权！

  明眼人一看就知道，这是向中国 DVD 生产企业进行赤裸裸的剥削！因为全球 90% 的 DVD 生产企业集中在中国！这就是因为没有自主知识产权、没有参与或者主导国际标准制定，在国际规则下，只能向外企付费而保持生产和产品出口。这时，专利费的高低则是中国 DVD 生产企业最为关心的。专利费的高低，不仅仅关系到中国 DVD 企业的利润，更关系到中国 DVD 生产企业的市场销量。

  中国电子音响工业协会代表中国 DVD 生产企业与专利联盟经过两年的谈判，最终签订的协议是：中国每出口一台 DVD 向 6C 联盟支付 4 美元的专利费，向 3C 联盟支付 5 美元的专利费，同时向汤姆逊公司支付售价 2%（约最低 2 美元）的专利费，向杜比公司支付 1 美元，向 MPEG-LA 公司支付 4 美元。算下来，中国 DVD 生产企业每出口一台 DVD，合计向外企支付 16 美元的专利使用费！

  中国 DVD 生产企业众多，市场竞争激烈，导致 DVD 售价不断下降，最低的每台 DVD 仅仅为 30~40 美元，但是专利使用费一分钱都没有降！导致中国大批 DVD 生产企业不涨价无利可图，涨价就丢掉市场，不得不转向加工贸易，代工生产。由于代工生产的 DVD 可以由订单企业缴纳专利费，很多生产企业纷纷成为代工厂。中国 DVD 生产企业的国际市场就这样拱手相让，给了外国企业，特别是专利联盟内的外企！

  事后，中国 DVD 生产企业发现，3C 联盟和 6C 联盟许可的很多专利并不是标准必要专利，而是含有大量无效专利和非必要专利。2005年，中国香港东强电子集团在德国起诉3C联盟，请求认定飞利浦的一项专利无效。德国法院审查后判决飞利浦的涉案专利在德国范围内无效。同年底，中国5位教授也对3C联盟内的一项关键专利，向中国国家知识产权局专利复审委员会提出无效申请。最终飞利浦将涉案专利从许可协议的专利清单中撤出，不再主张专利权。从以上两个案件来看，外国企业把很多无效专利放到专利清单里面，浑水摸鱼，来提高专利授权的价格。可以说，当你不掌握核心专利和国际标准的制定能力时，这些专利技术的外企，也会用欺诈的方式，来多收你的专利使用费！因为专利清单里面的专利，就是告诉你，你也不一定懂！

**结论：**

中国DVD生产企业即使生产规模再大，也只是一个营销公司、一个组装厂。中国DVD企业缺少自己产品的核心专利，缺少自主知识产权时，企业越大，倒闭得越快！中国企业一定要将技术专利化、专利国际标准化，否则，就是一只待宰的羔羊，只能标准制定企业、核心专利企业创造价值。如果说我们很多人对DVD行业的爱多、先科、万利达、步步高等企业印象不深，那么，我可以再说一个大家都熟知的行业，就是手机行业。可能你不知道的是，我们买手机的钱，有一部分却给了美国高通。

智能手机已经成为我们最佳的通讯生活工具，没有任何电器或者电子设备能够与手机相比，对我们的日常生活有非常重要的影响。国产手机近几年发展突飞猛进，华为手机销量高居全球第三，OPPO、VIVO、小米等企业紧随其后。手机市场的竞争也由以前的价格战全面改版：低端手机市场价格战依旧火热；中端手机市场主攻性价比，打配置战；而高端手机市场的配置战、傍名牌层出不穷，带动价格一路走高。看似欣欣向荣的发展背后，都是手机厂商花钱买来的制造业繁荣而已。

如果说 DVD 行业是因为向 3C 联盟、6C 联盟和其他企业缴纳高额的专利使用费而在社会的发展中提前败亡，而中国的手机行业仅仅向美国高通缴纳的专利费，就足够让国人震惊！中国手机行业也不过是在 DVD 行业之后二十年，又重蹈 DVD 行业的覆辙而已。缺少核心专利，没有自己的核心专利参与国际标准的制定机会，核心部件依然依靠外企供应，就是操作系统，也是外企授权中国手机企业使用。中国的手机行业并没有比 DVD 行业强多少，专利使用费也一样没少给外国企业，而国外企业对中国手机企业的专利战早已打响了。

2016 年，美国高通公司通过官网发布消息，称高通公司已经向北京知识产权法院提起针对魅族科技有限公司的诉讼。该消息一经发布，立即引起了手机厂商业内的高度关注，这是美国高通第一次针对中国手机企业提起诉讼，并令魅族科技赔偿其损失 5.2 亿余元。

美国高通为什么针对魅族科技，而没有针对其他的中国手机企业？这里面有几个原因：第一，魅族科技在这之前一直用三星或者台湾联发科的芯片，而没有采购美国高通的芯片；第二，国内其他手机公司已经向美国高通缴纳过专利授权使费了。收取高额的专利授权使用费是美国高通的主要盈利模式，美国高通对中国手机公司的专利授权使用费一般为手机售价的 2%~6%，这也是导致中国手机企业利润微薄的原因之一。仅在 2014 年，美国高通预计营收 275 亿美元，其中专利授权使用费的收入达 120 亿美元，占营收的 44%！

中国手机行业已经到了必须向技术创新转型的时期，只有建设可持续的、高效率的研发体系，设立专利池，并向 6G、7G 等新一代通信技术的基础研发，并以研发技术专利化，专利向国际标准制定取得话语权，然后再向下游延伸，直至终端的手机制造应用，这才是中国手机行业的研发战略路径。

中国专利法实施才几十年的时间，相比国外晚了一两百年，在很多领域我们国家的研发还需要不断地追赶。在国际规则内，专利与国际标准才是王道，这个王道的研发成本很高，但可以一劳永逸地、源源不断地获得专利授权的收益，是制造企业远不能相比的。国内素有做强与做大的争执，棋到中盘，做强与做大已经明了。研发做强、生产做大的深度衔接才是真正的王道。

# 第二部分：强大之争

企业做强还是做大，这个命题一直让中国的企业界、管理界甚至是政府都颇为关注，乃至成为全民话题。

中国改革开放的成功，更是企业界的舞台。自改革开放后，中国的企业发展用一日千里来形容也毫不为过。中国企业的迅速做大，只是生产规模的单项做大，但足以让企业界兴奋不已，也由此拉开了进军世界500强的宏愿行动。

世界500强是实打实的强，对外的体现就是公司的销售收入总额达到了500强的门槛。对内则是技术研发、经营管理能力的强，这恰恰是从销售额中看不到的软实力。中国家电行业在国内的市场竞争中相继战胜了欧美与日韩，在市场份额中遥遥领先。用长虹电器的广告词来说："长虹以产业报国！"这是很振奋人心的一句广告语，这不仅仅是一句话，也是中国家电行业从生产向品牌内涵和公司文化转变提升的一个标志，是中国家电行业发展的一个缩影。

长虹电器股份有限公司总裁倪润峰今天在接受采访时称，中国家电行业还是早上八九点钟的太阳。

倪润峰称，长虹电器现在正在做的，主要是进军世界500强。"树"百年长虹，确立一套好的体制和机制、一个优秀的职业经理人团队和一群有广阔发展前景的新兴产业。长虹电器的彩电市场占有率继续保持国内第一，长虹空调已经进入行业第一集团军。长虹电器的良好发展势头，让倪润峰成为宣布长虹电器进军世界500强的主导者。

无独有偶，早在1995年，海尔集团董事局主席张瑞敏第一次提出了进军世界500强。到了2002年，海尔集团的销售额达到711亿人民币，海尔集团似乎对世界500强失去了热情。在2002年底，张瑞敏对海尔进军世界500强发表了这样的看法："当时提进军世界500强，只是一个目标，这对振奋大家的斗志、凝聚大家的精神有重要的作用。没有目标，就不知道走到哪里了。在做的过程中，就不能天天喊这个，现在海尔离这个目标越来越近了，再喊就有副作用。"

2005 年 4 月 8 日，山东省经贸委和山东省统计局联合举行新闻发布会，公布了 2004 年度山东工业企业百强名单，海尔集团继续高居榜首，进军世界 500 强"已成定局"。山东省经贸委、山东省统计局按照国际通行的方式，以海尔集团 2004 年营业收入统计年报数字确定，海尔集团该年度的营业收入为 1 016.289 3 亿人民币。山东省经贸委主任李书绅表示，这一数字意味着海尔集团进入世界 500 强已成定局。

2004 年 2 月 16 日，《财富》杂志在香港颁发了"2003 年亚洲年度经济人物奖"，李东生成为国内企业家中获得此奖的第一人。李东生在获奖仪式上说："今天，我在这里拿这个《财富》杂志亚洲风云人物奖，其实我更希望 TCL 能够早日进入世界 500 强。我们的目标是在 2010 年能够达到世界 500 强的这种规模。"

当时科龙电器，顾雏军也曾有过进军世界 500 强的计划："我 2002 年接手科龙当年就交税 3.5 亿元，2003 年交税 4.5 亿元，2004 年交税 5.6 亿元，如果没有发生这个案子，科龙成为世界 500 强只是时间问题。"

世界 500 强就这么简单、容易进吗？2018 年 7 月 19 日晚，《财富》杂志官网公布了最新的《财富》世界 500 强名单。在家电领域有两家企业上榜，分别是：美的集团（000333.SZ），排名 323 位，这已经是美的集团第三次上榜，比去年名次提高 127 位。第二家青岛海尔（600690.SH），首次跻身世界 500 强，排名第 499 位。

美的集团自 2016 年进入《财富》500 强的 481 名，2017 年跃升至

450 名，2018 年则大幅度跃升 127 位至 323 名。美的集团的快速跃升源于销售额的快速增长。2017 年美的集团完成销售收入 2 407.12 亿元，同比增长 51.35,%，实现归属母公司利润为 172.83 亿元，同比增长 11.7%，集团总资产 2 481 亿元。

青岛海尔是家电与电子设备业唯一一家新上榜的公司。财报显示，青岛海尔 2017 年全年实现营业收入 1 592.54 亿元，同比增长 33.68%，实现归属母公司净利润 69.24 亿元，同比增长 37.37%，收入与净利润均创新高。

中国家电行业从表示进军世界 500 强，到 2016 年美的集团首次登榜，再到 2018 年美的、海尔双双上榜，距海尔首次表示进军世界 500 强，整整过了 23 年！即使从 1995 年算起至美的集团上榜，也已经过了整整 21 年。

中国家电行业的发展是中国经济发展的一个缩影。从无到有，从有到大，这一历程还远没有结束，仅仅是一个开始。中国企业利用自身生产销售规模的大，进入世界 500 强是必然的。

# 第一章　好大喜功容易催生做大

中国人喜欢做大企业，本身是好事，也是值得鼓励的。但受限于核心技术，或者政策影响而功亏一篑的例子比比皆是，就以吴晓波《大败局》中的例子来做一个案例分析：

1996 年，戴国芳注册成立江苏铁本铸钢有限公司，注册资本 200万元。

2002 年 5 月，戴国芳提出在长江边建钢铁厂的规划，总投资 10 亿人民币左右。

2003 年，在《新财富》杂志推出的"中国 400 富人榜"上，戴国芳名列第 376 名，资产为 2.2 亿元。

2003 年，在常州市政府的推动下，铁本项目从 200 万吨级加码到840 万吨级，工程预算为 106 亿元。戴国芳提出"三年超过宝钢，五年超过浦项"。

2004 年 2 月，铁本项目因"毁田占地"被新华社记者写成内参上报中央。

2004 年 4 月 28 日，铁本事件被定性为"一起典型的地方政府及有关部门严重失职违规，企业涉嫌违法犯罪的重大事件"。

2006年3月，铁本案件开庭审理，戴国芳被控"虚开抵扣税款发票罪"。

"每一块钢铁，都隐藏着一个国家兴衰的秘密"，安德鲁·卡内基的传记作者W.克拉斯如是说。卡内基遇美国经济迅速崛起的大时代，靠着天才的敛财能力和超人的毅力，在密西西比河边建起了当时世界上最大的钢铁厂，并成为美国现代史上第一个首富。

戴国芳自1984年开始，就从事钢铁行业，深知钢铁行业的发展前景和利润，他能复制卡内基的成功吗？钢铁行业是一个大进大出的行业，可盈利的秘密仍然是规模与成本的控制艺术。卡内基曾说过："价格的低廉和生产规模是成正比的，因此，生产规模越大，成本就越低……降低成本、抢占市场、开足马力，只需要控制好成本，利润自然就来了。"

1996年，戴国芳注册成立了江苏铁本铸钢有限公司，注册资本200万元，铁本寓意以铁起家，不离本业。

2000年前后，江苏铁本的厂区面积扩大到18公顷，拥有1 000多名员工，销售收入过亿元。由于铁本生产技术水平低，生产设备简陋，生产的都是低端产品，附加值低。戴国芳决定上高炉项目。

2002年5月，戴国芳提出规划建设一个比现有产能大一倍多的新厂，包括两座高炉和一个14米深的深水码头，占地2 000亩，年产260万吨宽厚板，总投资10亿元。

2003年，江苏铁本的高炉建成。这一年是铁本腾飞的一年，全年的钢产量猛增到100万吨，销售收入超过25亿元。在当年度的《新财富》"中国富人榜"上，戴国芳名列376名，资产2.2亿元。

　　然而，江苏铁本的新规划一改再改，在短短的六个月时间内，项目规划规模从一开始的200多万吨，加码到400万吨、600万吨，最后被定在840万吨。规划占地从2 000亩攀升到9 379亩，工程投资为106亿元，产品定位为船用板和螺纹钢等产品。

　　这个时候的铁本，固定资产12亿元，净资产仅为6.7亿元。江苏铁本要启动一个超过百亿的项目，无疑是蛇吞象。即使江苏铁本获得银行43.99亿元的授信，国家政策则是一个不可动的高压线，习惯了打擦边球，最终留给自己的是一肚子苦水。

　　中国的钢铁行业是一个有准入门槛的半垄断性行业，投资额在3 000万美元以上的项目必须报国家发改委审批。江苏铁本的规划如实审批，机会肯定十分渺茫。中国经济改革，虽然有"闯关"的传统，在日后被传为美谈，但也有不少人在这个过程中黯然落马，成为违法的典型。

　　江苏铁本深谙其中的规则，把840万吨的项目拆分为7个子项目与一个码头项目分别上报，并与项目对应成立了7家"中外合资企业"，在建设用地的权证审批上，切成14块土地审批。如果顺利建成，840万吨的规模，加上原有的产能，足以让江苏铁本跻身中国最大的钢铁公司行列。在当时，国内超过1 000万吨产能的钢铁厂只有宝钢和唐钢两家国有重点企业。民营钢铁企业比国有钢铁企业有巨大的成本优势，民营钢铁企业的炼铁成本每吨比国有钢铁企业低60~90元，炼钢成本每吨低60~150元，每吨成品售价低100~300元。

　　戴国芳的这些投资措施，加上钢铁市场的持续高温，使得周围的人都对新项目持乐观态度。戴国芳也是信心满满，他对前来采访的江苏媒体记者说："江苏铁本要在三年内赶超宝钢，五年内赶上浦项。"

事与愿违！2004 年 2 月初，几位新华社记者在江苏调研，他们调研的是各地兴建高尔夫球场和大学城的占地问题，却在无意中了解了江苏铁本的新工地。2 月 9 日，一篇题为"三千亩地未征先用，环保评审未批先行"的内参材料到了中央高层。由此，江苏铁本悲剧性地成为了 2004 年宏观调控的"祭旗者"，而整个良好的项目推进，却倒在了非法用地这个问题上。

无独有偶，中国企业界倒在追求做大路上的后来者源源不断。曾闻名一时的巨人集团，也如出一辙。

1992 年 7 月，史玉柱把珠海巨人新技术公司的总部搬到注册地珠海。为了支持巨人集团，珠海市政府批给巨人一块地，巨人集团准备用地建设一栋 18 层的自用办公楼。在政绩工程的诉求下，希望巨人大厦建成全国第一高楼。设计楼层开始不断加码，从最初的 18 层加到了 38 层，再到 54 层，又加到了 64 层。

1994 年初，巨人大厦开工典礼时，史玉柱宣布，巨人大厦将建成高 78 层，中国最高的大楼。

1996 年初，巨人大厦资金告急，巨人集团将保健品公司的资金调往巨人大厦。

1997 年初，巨人大厦因资金链断裂，只建到地上三层的巨人大厦停工。巨人集团并不是因为巨人大厦而倒闭，应该说是巨人集团多线出击、大肆扩张和管理不善才是导致巨人崩盘的原因，也就是说，巨人是倒在了狂热的做大上。

中国企业的好大喜功，在加速了做大的同时，也加快了企业崩盘的步伐，企业核心竞争力不是单纯地靠生产规模就可以解决的。改革开放以来，国内企业规模迅速做大，我们需要有一个清醒的认识，如果企业的领军人出了问题，那么，这个企业也一定出问题。

企业的发展，每个行业、每个产业，甚至是企业在不同的阶段，都会根据自身情况来制定不同的战略战术。亦或者说企业由小到大，由弱到强，由单一向多元的路上，是没有导师的。更多时候也没有参照的企业，只有在发展的路上经过不断地试错，摸着石头过河，体会进入到深水区的茫然，才是最好的历练，也是逐步成熟的体现。

任何企业、行业、产业都会面临"天花板"的问题，这也是一个很现实、很正常的事情。任何发展都不会在一个状态下、一个模式下无限制地发展下去，永无止境。一如中国企业、外国企业，莫不如此，概莫能外。在中国部分行业尤为明显，如中国的制造业，特别是代工制造业。大家应该记得微波炉这个行业，也应该知道格兰仕这家企业。格兰仕是以价格战称霸这个行业的，也许格兰仕把俞尧昌请来主管营销时，也就定了他们的发展模式。格兰仕善于打价格战，但格兰仕价格战的核心优势是生产规模战和整合国际资源的低成本扩张战。

格兰仕微波炉在行业发展前期，每次的价格战，其实是成本定价战。如格兰仕的产能在100万台时，利用规模采购降成本，生产平摊边际成本，使得可变成本达到最低化，格兰仕把微波炉的价格定在年产70万台微波炉企业的成本价上。这样的价格战把比格兰仕生产规模小的企业逐步挤出市场，降低了市场的竞争烈度，同时提高了公司产品的市场占有率。格兰仕通过这个方式，把公司的生产规模逐步提高到200万台、500万台、800万台、1 000万台，成为市场真正的霸主。在格兰仕生产规模达到1 000万台以后，格兰仕的产能扩张却停了下来，转而向空调领域进军了，这是什么原因？

规模不经济！我们都知道，做生产就要规模经济，也就是说，当你的产量达不到一定规模时，产品成本分摊太高，导致产品的价格高，在市场上就降低了自己的竞争力。所以，很多行业都需要生产上达到一定的规模，规模上去了，经济效益就上来了。如原来的汽车行业，生产规模要达到 10 万辆以上，才能产生规模效益，以至于初始的高昂投资阻止了很多企业的进入。但事实上呢？每个行业的规模盈亏平衡点相差较大，所以行业发展之初，规模经济成败皆是他！当一个企业的生产规模太大，是不是效益就提高得更多，盈利就更大呢？肯定不是的，这就是在规模上的一个考衡，要适度规模，适度规模就是企业在盈利效率最佳的规模才是最好的。

在适度规模的前提下，规模小了，失去规模效益，肯定亏损。而当规模大于适度规模时，经营效率递减，直至亏损，而这时，我们称之为规模不经济。从格兰仕来看，当产能大于 1 500 万台时，就会进入规模不经济的状态。当其规模不经济，向上产能的发展空间失去时，也就是企业单品发展的天花板。如果能有新的模式、新的创新做支撑，企业要么继续保持原生产经营状态，要么主要经营之外，再增加新的产品，开拓新的行业领域。

# 第二章　产业下探，行业延伸

从格兰仕就可以看到，每一个产业、每一个行业内的企业，都会在发展中遇到产能瓶颈、经营瓶颈，或者是技术瓶颈，这都是一个必然的现象。市场的总量是有限的，而面临消费换代与产品更新周期的加快，企业面临的挑战越来越大，经营困难越来越多，逼迫企业用越来越多的方式进行创新，以此来达到提振经营的目的。自从"长尾理论"提出后，众多企业开始重新定位自己。有的企业还是延续规模发展，以大量的同质化产品参与市场的激烈竞争，赚取微薄的利润。而更多有新定位的企业，则进入细分行业、细分市场，开发细分产品，寻求不同市场的潜在客户。

长尾理论塑就了市场的多样性，可以用市场的多层性与单层市场的长尾化相结合来说明这个事实。市场的顶层需求，也可以归类为高端市场、奢侈层级的。中端市场，也就是中高档级别的市场。低端市场也是最大众的市场，更是价格战竞争的市场。高端市场的单价很高，品牌属性极强，品牌文化认同度很高，但销售总量来讲，仅占整个市场的0.5%～2%的份额。中高端市场类似于中产阶级的比例，其销售量占市场 20% 左右，低端市场则绝对的一家独大，占据销售总量的 78% 左右，但是单价销售额最低。如果用二八法则，中高端市场数量是 20%，低端市场高达 80%。如果用行业利润率来区分，占据中高端市场的客户，创造了行业 80% 的利润。而占据市场 80% 的客户，仅仅创造了 20% 的盈利。

市场从总量的各档关系中，我们可以看到，从最高端的 0.5%~2% 的客户群体，下探到中高端时，客户群体放大了 20~40 倍。再逐级放大到低端市场时，从高端来讲，放大了 80~160 倍。从中高端放大到低端来讲，放大了 4 倍。从这个方面来讲，市场的分层，其实是利率系数，更是市场的总量比率划分。这是市场的层级，而每一个层级里面，又细分成一个标准的长尾化产品或者公司的销售产品的配比率。更多的则是面对消费者时，公司用对产品营销诉求的不同，来满足不同的消费需求，从而形成各层级市场的销售量长尾和需求长尾，更形成产品差异化的创新长尾。

产业链的产业延伸，如同市场分层与市场的长尾化。上游的标准化制定和专利授权为第一层级，但这一级的营业收入占整个产业的比率并不高，但是毛利润和净利润比较高。中游的核心零部件企业在营业额上，数十倍于上一级的公司，从而成为市场的主要推动者。下游的市场制造销售企业，则是上游企业销售额的近百倍，有的行业更是达到 160 倍！这也表明，科技创新的主体在上游，也就是上游的企业所独有。中、下游的企业，仅仅是作为执行而完成了从专利到产品及终端销售的过程。可以说，产业链的向下延伸，都是十倍数的放大产业的销售额。虽然每向下游一个层级，利润会降低一些，但市场总量放大，更是一个巨大的诱惑。这就形成上游产业做研发、中游产业做强、下游产业做大的模式，给很多企业带来产业链整合的机会，也为企业的长远发展带来不同的思考和方式。

诚然，全产业链的高科技公司少之又少，这与企业的经营战略相关。如果把压强原理用在企业的经营中，可能华为参悟得比较多，而且也真正地知行合一地去做了，效果很好。任正非在很早就运用过压强理论，这也是华为发展的战略。一如华为倡导的：向着一个城墙口冲锋，是异曲同工之妙。可以说，这就是华为在研发、运营中集中优势兵力打歼灭战，这也是毛泽东军事思想的精髓。翻看华为的发展史，我们也可以看到，华为根据国内外的竞争态势，恰到好处地将毛泽东的思想精髓运用在企业的经营中，使华为取得快速发展。例如，毛泽东最早提出了农村包围城市的战略，而华为早期开拓国内通信设备市场也是用农村包围城市来壮大发展的。即使在国际市场，华为亦是先在欠发达国家和地区迅速打开市场的，积累自己的技术实力与经营经验，然后向欧美进军。

集中优势兵力打歼灭战，这也是毛泽东军事思想的精华，指导中国工农红军、八路军、新四军和中国人民解放军，完成了历史赋予的使命，成立强大的新中国。华为在这一方面，以压强理论的"向着一个城墙口冲锋"无疑是毛泽东军事思想的灵活应用。同时让听得见炮火的人呼叫炮火！这是向着一个城墙口冲锋和压强理论的一个战术补充，使这两个方面更加高效、更加直接，也可以这样说，华为运用压强原理把研发做深、做强。用向着一个城墙口冲锋，深耕信息通信市场，使华为有技术实力在国际标准上与外企一争高下。

华为公司2018年投入研发费用1 015亿元，这对国内企业来讲，是天大的投入，换来的是华为公司在2018年度申请PCT国际专利5 405

项，居全球企业申请量的第一名，这是华为向着城墙口冲锋最有力的证明。华为公司2018年运营商业务实现收入2 940亿元，与2017年持平，这也意味着，移动通信产业中游的业务量与发展明显地增长乏力。华为公司在移动通信设备业务上，与爱立信、诺基亚、三星相比，增长率相差不大，而且都增长乏力。华为公司在消费者业务领域，取得3 488.5亿元，比2017年增长高达45.1%！

通过华为2018年年报，我们可以分析这么一个事实，华为在移动通信产业的上游是1 015亿元的投入，产出的是5 405项PCT国际专利申请在内的研发成果，是参与5G标准制定的实力，而且这个受益是隐形的、长期性的。华为的运营商业务是中游产业链，取得2940亿元，与2017年持平，这一块的增长乏力与4G建设基本饱和，而5G建设刚刚开始有极大的关系。中游业务比上游业务规模大了很多，至少赚取的利润比较丰厚，也是把上游的研发变成运营商需要的设备销售出去，使华为中游业务仍然高居国际第一名。中游移动运营商业务，又极大地促进了下游消费者业务的飞速发展。下游消费者业务在2018年超越中游业务，成为华为收入的半壁江山。由此可以看出，华为的上、中、下游业务泾渭分明，而产业每向下一级，业务就呈现爆发式的增长。

如果按照2018年年报，结合华为的运营，我们基本可以确定华为在2019年的收入构成及总额。我预计，华为在2019年运营商业务收入不会高于2 940亿元，能与2018年持平就是成功。企业业务领域预计收入930亿元，比2018年增长25%。终端消费者业务收入5 093.25亿元，比2018年增长46%，共计华为公司在2019年总收入为8 963.25亿元。从预测的情况看，2019年度华为的终端消费者业务将是运营商业务的1.7倍，或许在2020年度将达到2~3倍，即使如期实现，也是正常的。

毕竟上、中、下游，每向下延伸一级，业务量迅速扩大，特别是华为的终端消费者业务，尤为明显。

华为消费者业务从小到大、从弱到强，即使到了 3 488.5 亿元收入，迄今为止也不过十几年时间而已。华为消费者业务隶属于华为公司，是华为的三大核心业务之一。产品涵盖手机、移动宽带及家庭终端，消费者业务始于 2003 年底。经过十几年时间的发展，华为移动宽带终端连续数年高居全球第一。华为消费者业务能够实现高增长，是积极面向用户，以满足用户极致需求出发，以品质为核心，在生态构筑上坚持硬件与软件创新，长期坚持高额研发投入的结果。华为作为一名长跑型选手，在两条腿的肌肉练结实后，最后一定成为领跑者。

华为消费者业务作为通讯产业的终端，已经显示出强劲的增长速度。华为手机在 2019 年第一季度，已经超越苹果，成为全球第二大智能手机品牌，而且正以每年 45.1% 的增速快速增长。华为消费者业务董事长余承东曾豪言华为手机要超越三星手机，争夺全球第一。也许这一天很快就可以实现，2020 年底或许华为在月度或者季度上会成为全球第一。当华为手机拿下全球第一的时候，华为消费者终端业务的收入总额，可能就是运营商业务的 3 倍左右了。

# 第三章　市场是王道

马克思在《资本论》中说："商品到货币是一次惊险的跳跃。如果掉下去，那么摔碎的不仅是商品，而是商品的所有者。"

商品自生产出的一刻，就与生产商的切身利益联系在一起。在以货币为媒介交换的过程中，商品—货币—商品不断地循环中，商品生产商只有顺利实现商品到货币的跳跃转换，实现商品的货币价值，把商品转换成可以和其他商品等值的货币，产品商才能换到自己需要的原料商品，否则生产商无法在市场中生存。

此外，行业竞争的压力和商品是否满足购买者需要，也是影响商品能否顺利转换成为货币的关键一跃。商品变成货币对生产商来说是至关重要的，是交易中的技巧与方式决定的。所以生产商要引进先进的技术、加强管理、降低成本、提高生产率。商品的交易方式，也就是今天的营销方式和企业战略作为商品转换成为货币的支撑，成为其中的关键。更为关键的是，生产商用货币购买商品原料，再生产加工为商品，然后把商品卖出换成货币。这从商品到换成货币的惊险一跳，而其中商品的价值与货币等值，也就是说，生产商原来购买商品原料的货币在后期交易中增值多大幅度算增值，也就是赚钱。如果是等价，则肯定是亏损了，如果是负值只能说明该生产商已经处于破产清盘了。

我的更正！马克思在《资本论》中的这句话："商品到货币是一次惊险的跳跃。如果掉下去，那么摔碎的不仅是商品，而是商品的所有者。"很多人都做过解释，以上我也是这样说，但深究其原因，我认为马克思这句话有一点不通顺，或者说是用词不当！我们分析一下用词。

从理论上讲，在所有交易之前，商品代指产品，也就是说，在交易成交之前，所交易的物品称之为产品。因为生产商把产品生产出来以后，只能称之为产品，这也符合我们当今的观念。目前国内电视台播放的广告，包括导购对产品的推荐，我们统称为产品广告，因为这时的产品，它只是产品。只有产品经过交易后，才能算作商品，因为商品含有价值属性。产品经过交易后，交易价值即为商品价值，也只有有商品价值的产品才能被称为商品，而且此后再交易的价值，以前次交易价值作为参考，以此形成商品的连续性价值。

以上两点分析，我认为生产商生产的产品，在没有交易前，只能称之为产品，不能称之为商品。因为商品本身有定价属性，而产品显然不具备这一点。产品在交易后成为商品，注定会有连续的交易，而且商品价值的高低取决于市场。市场作为链接生产商、交易商、终端用户的主体，则是根据供需的不断变化而体现出来的价格浮动，体现盈亏的一个缩板。市场的缩板，向上可以体现商品以前的属性，就是产品，可以形成大量的库存，让生产者、生产商因此而失去资本的流动性而破产倒闭。

在市场的多次交易中又因为需求的大或小，不仅影响了商品的价格，更是商品本身价值决定者。市场，作为交易的主体，供需两方的调节器，更是从产品到商品，从物体到货币的连接站。所以说，市场才是产品到商品转换的关键，才是衡量产品价值的审判官。

有交易就有市场，由此来看，市场才是王道！市场是什么？现在我们谈的市场是一个泛指。通过市场交易的相关数据和市场调查，让企业清楚地知道市场上什么是销量最大的商品，什么是销量最小的商品。也让企业知道什么商品的价格最高，什么商品的价格最低，哪些商品之间有替代性，哪些商品具有无可替代性。市场代表了商品交易的一切，对一切商品交易的价格有指导作用、调节作用。

市场是王道，所有的技术研发、标准制定、产品生产，都是由市场来实现价值的转换。市场更作为一个特定的转换平台，就形成了一套潜规则的默认规则。

如果是市场认可的品牌，或者说在市场上叫得响的品牌，该品牌在本行业的市场占有率应在5%以上。如果说单品牌的市场占有率达到30%以上，就可以用垄断来形容了，因为垄断即意味着该行业的市场定价权已经在该品牌手里，成为行业的风向标了。当然，有的企业可能市场占有率在1%左右已然是一个个性强势品牌。所以说，在多元、长尾的市场中，品牌的多样化文化与产品的细分相结合，来满足潜在的需求，而市场就是一个长尾的晴雨表。

企业，以销售为龙头，以市场为王道，以品牌为先导，以技术为长矛，以资源整合为文化，逐利前行。如果再做一个分层，那么，市场就分为三个层：上层是研发技术层，也就是标准制定的专利端。中层是设备层，也就是装备制造端。下层是产品层，面向终端的客户端。

市场，有高中低之分。市场亦有上、中、下游之说。前文也说过，产业链的上、中、下游，也就是产业链的每一个层面都有对应的市场。

细分的每一个行业，也都有对应的市场，市场是无处不在的。无农不稳、无工不富、无商不活，而商，就是市场。市场往小了说，就是相互之间的交易，往大了说，就是经济，就是民富国强的根基，所以，我们说市场经济。市场是商，无商不活，市场就是活，市场经济就是活经济。

　　活经济带动活交易，活交易带动活企业，活企业带动活就业，活就业带动活投资，而活投资则带动活经济。一个活循环，这就是市场经济，这就是市场为王。

# 第四章　企业做大的两个机遇

中国企业迅速做大，这里面有两个因素：一是改革开放后的国际经济环境，这里指的是美、日、韩等国的制造业转移。二是国内由计划经济向市场经济转型产生的巨大政策红利，催生了国内持续扩大的内需市场。这两个因素促成了中国经济自改革开放后的快速增长，这段时间内的经济增长以加工制造业为龙头，为中国企业的做大提供了机遇，也为中国企业做强奠定了经济基础。

## 美、日、韩制造业转移

中国改革开放后，正逢美、欧、日、韩等国和中国台湾、香港地区制造业产能的转移大潮。特别是在高能耗、高污染、劳动力密集型的低端制造业，已经成为发达国家转型升级的绊脚石。各大跨国公司开始陆续把低端制造业向中国的沿海省份进行产能转移。而中国自改革开放后，加大招商引资力度，同时政策红利的不断推出，使国际资本、技术、订单大量涌入中国，来争抢中国发展的红利。不仅使国内的企业拥有了庞大的产能，而招商引资来的外企和台资企业，也是借助这轮政策，迅速成了制造业代工的领军企业。

富士康科技集团是中国台湾鸿海精密集团的高科技企业，1974 年成立于中国台湾省台北市，现拥有 120 万员工及全球顶尖的客户群体。

富士康 1988 年在深圳投资建厂，从中国的珠三角到环渤海，从西南到中南，再到东北建立了 30 余个科技工业园区。

2011 年，富士康出口额占了中国大陆出口额总量的 5.8%，连续 9 年雄踞大陆出口 200 强冠军。

2012 年，富士康进入全球企业前 50 强，位居 43 位。

2013 年，富士康跃居《财富》全球企业 500 强第 30 位。

2018 年 5 月 11 日，中国证监会核准了富士康首发申请，富士康及其承销商与上交所协商确定发行日期，并刊登招股文件。

2018 年 6 月 8 日，富士康工业互联网股份有限公司在上海证券交易所上市，证券简称为"工业富联"。

富士康从 1988 年在深圳投资建厂开始，紧跟中国招商引资的步伐，从珠三角到环渤海，从西南到中南、东北共建立了 30 多个富士康科技工业园。富士康科技工业园不仅仅在吃中国招商引资政策的红利，更是从南到北，从东到西，追逐中国人口的红利。富士康在中国大陆不仅仅是来投资的，更是用大陆的政策和人口红利，把富士康养成了全球企业 500 强的特大型企业。富士康在中国大陆的员工达到 100 万人，中国的工人相对低薪、接受加班，综合素质好。富士康用这个人才红利，迅速把自己做大，成了全球最大的代工企业，这与中国的改革开放密切相关，也与国际产能的转移相关。

与富士康相比，国内企业自叹不如，同样是做生产代工，中国国内的企业远远不及富士康。1980 年以来，国内制造业分布总体上呈现

"南下东进"的特点，但在 2003 年以后，国内部分制造业呈现"北上西进"的特征。从区域制造的属性来看，东南沿海劳动密集型制造业集中，而资源型制造业企业更多分布在北方和中西部地区。国内代工企业承载着最繁重的工作，赚取着最微薄的加工费。特别是在国内原材料价格不断上涨，劳动力成本迅速上升，人民币汇率屡创新高之时，代工就有了避之不及的厄运。这些情况的累积，导致国内代工企业进入倒闭潮或者面临转型升级。生存下来的代工企业，一如家电行业，代工仅仅是为了消化企业自身过剩的产能。

国内 VCD 行业就是一个鲜明的例子。国内企业在没有缴纳专利授权使用费而不能出口产品时，庞大的产能只能沦为国际品牌的代工厂。国内其他的家电企业，没有为国外公司代工历史的也少之又少，屈指可数。为什么富士康可以做代工做成全球 500 强企业，而国内的其他企业却仅仅把代工作为一个补充，自己的品牌也没有做强呢？

生产代工，英文缩写 OEM，代工设计英文缩写 ODM。这两个代工的英文缩写只有一个字母不同，但实际内容却有云泥之别，也就是国内生产代工与富士康从设计代工到生产代工的差距。

OEM，也称为定点生产，俗称生产代工，OEM 的特征是：技术在外、资本在外、市场在外，只有生产在国内。OEM 基本含义为品牌持有者不直接生产产品，而是利用自己掌握的关键核心技术负责设计和开发新产品，控制销售渠道。具体的生产加工通过合同订购的方式委托同类产品的合作公司生产，之后将所订产品低价买断，并直接贴上自己的品牌。这种委托其他企业生产的合作方式简称 OEM，承接加工任务的制造商被称为 OEM 厂商，生产的产品被称为 OEM 产品。

ODM 为代工设计。品牌的拥有者可以买断 ODM 厂商设计的某型号的产品，或者品牌拥有者要求 ODM 厂商为其单独设计产品方案。也就是说，ODM 是原始设计代工商。

OEM 和 ODM 的主要区别在于前者是由委托方提出产品设计方案——不管整体设计是谁完成的，且被委托方不得为第三方提供采用该设计的产品。而 ODM 可以从设计到生产都由生产方自行完成，在产品成型后由贴牌方买走。生产方是否为第三方生产同样的产品，取决于贴牌方是否买断设计方案。OEM 产品是为品牌商独家生产的，生产后也只能使用该品牌名称，决不允许冠上生产者自己的品牌进行再生产。

在工业社会中，OEM 和 ODM 可谓司空见惯，出于制造成本、运输成本、节省开发时间等方面的考虑，知名品牌企业都与 OEM 和 ODM 有合作。

从 OEM 和 ODM 发展历史来看，国内的代工企业仅仅做了生产代工，从生产代工向设计代工的企业鲜有所闻。这也说明了，国内的企业生产制造能力强，而设计能力与新产品开发能力极弱。代工生产赚取的利润微薄，而从代工设计到代工生产一体化，利润则明显上升。

富士康的快速发展，是由于为客户提供从 OEM 到 ODM 一体化为客户的解决方案，这种方式，极大地提高了富士康的盈利能力，同时也加强了与客户的深度合作。再者，国内企业代工时一般都有自己的品牌生产经营，这就是不为国际大公司所喜欢的。而富士康从 OEM 到 ODM，不做自己的品牌，反而成了争夺订单的优势。


## 塞翁失马，焉知非福

国内代工企业虽然没有做到富士康这个级别，争取订单时有所不足，但也为自有品牌的发展开创了新的天地。

国内企业熟知国内市场，熟知国人的消费心理，在市场发展期以轰轰烈烈的价格战，迅速完成产品市场的普及。在产品的成熟期，大打品牌文化，打产品的增值战，让国内企业凭借水大鱼大，把规模做大了起来。

在改革开放之初，国内的市场什么都缺，导致产品如皇帝的女儿不愁嫁，甚至到了哄抢的局面，这也是中国市场经济初期的真实写照。内需是与国民的收入增长密切相关的，也是循环的。购买力促进了企业的再生产，而企业的再生产又增加了用工与工费支出，也促进了商品的流通，每一个环节上都是一个财富的产业分支，财富分支，反过来又增加了消费。这一轮轮的消费潮促进了国内企业的发展壮大，同时涌现出大量的名牌企业，用高性价比的产品，把国际品牌挤出了行业的前十名。确切地讲，国内内需的打开，犹如企业与经济的发展历程，相辅相成。

我们也清楚地看到，虽然国内企业在国内市场性价比称王，但在品牌定位、产品高端一直是弱项。低价格只能完成市场的中低端普及，远远得不到高端市场丰厚的利润。国产品牌成立时间短，经营能力尚有很大的欠缺。特别是在外企放弃低端后，国内众多行业的核心零部件却依然依赖外企的供应，这种方式持续了很多年，有些行业现在也没有改变过来，成为中国制造隐隐的痛。

彩电行业是以前的叫法，现在称为电视机行业。以前的电视机是从黑白到彩色的，现在几乎全是液晶的、LED 屏的。从 1990—2000 年前后，国产电视机品牌长虹、康佳、创维、TCL、海信、海尔的崛起，把松下、三洋、索尼、飞利浦、东芝等洋品牌打了下去，甚至很多洋品牌从此一蹶不振，退出了电视机的制造与经营。这时的国内家电行业风光无限，但隐藏的事实是，国内企业依然采购国外或者是国内外资企业生产的显示屏，就如今天，国内企业采购的显示屏，还是以三星、LG 等企业的为多。外企虽然退出了市场终端产品的激烈竞争，但依然掌控着核心零部件，赚取着比国内企业多得多的单机利润。国内家电企业发展几十年，核心零部件的研发生产依然是遥不可及，只是生产商提升到了品牌商，但也仅仅是在中国的品牌，在国际上知名度和美誉度都比较低。即使国内家电企业走向国际市场的产品出口，大部分也是代工生产，以贴牌方式走出了国门。

再说到手机行业，则更是让人啼笑皆非。摩托罗拉、爱立信、飞利浦、诺基亚、索尼、三星等称雄中国市场的时候，国产手机在前半段时间也难以匹敌。这个时期有两个国产手机品牌：一个是 TCL 的宝石手机，一个是夏新的超薄手机，用自己差异化的产品迅速在国际巨头的围猎中打开一个新的市场，也给国产手机一个很好的范例。物极必反，国际品牌手机注定是在功能机称雄时代被打败，但没有想到，革他们命的却是台湾联发科。

联发科用研发集成功能，为各个国产手机厂家提供解决方案及生产配套，国产手机厂家提出功能设计要求，剩下的事提交给联发科就行。

国产手机厂家只需要确定自己用什么样的手机壳就行，这种模式的出现，迅速让国产手机厂商蜂拥而上，这就是后来被称为山寨机的开始。

俗话说：拳怕少壮，乱拳打死师傅！在联发科的手机方案下，国产手机不管是大品牌还是小品牌，以丰富的功能，低廉的价格，迅速抢占了国际名企的市场份额。这段时间内，外企的功能手机大败！摩托罗拉一蹶不振，索尼和爱立信为了生存而抱团取暖，飞利浦销声匿迹。应该说这是国产手机的翻身仗，即使现在看来，在 2G 时代只有一个赢家，那就是诺基亚，但有一个隐形的霸主，那就是联发科。国产手机的设计核心部件几乎全部来自联发科，大量的山寨机在优惠广大消费者上赚了吆喝，而联发科则实实在在地赚了大钱，闷声发财的同时，更在手机芯片研发上加大了力度。

2007 年，乔布斯发布第一代苹果手机，开启了智能机的时代，也是 3G 时代的开始，开启了一个新的王朝。有生就有死，在苹果、黑莓、HTC、三星等大发展的同时，诺基亚王朝迅速衰弱了。苹果手机硬件、软件、系统都自成一体，三星、HTC 则用安卓系统，手机芯片用高通的，开启了 3G 时代的市场争夺。国内最早的智能手机多普达源自 HTC，黄章的魅族初露头角并占据一哥的位置，国内原来 2G 时代的手机厂商则反应慢了半拍。直到小米以高性价比推出智能手机开始，才把国内的智能手机市场彻底地打开。整个 3G 时代，带动了智能手机的出现与发展，是苹果一家独大的年代，也是移动互联网的开创年代。

2014 年 4G 开始商用，到了 2015 年底，4G 用户达到了 3.862 25 亿，4G 时代的开启，国内手机厂商相继亮相登场。小米手机的互联网营销思维一时成为热门话题，就是华为手机，也成立荣耀品牌来复制小米的成功模式。而让人吃惊的还是 OPPO、VIVO 这两个品牌，坚定的走线下，以女性客户群体为主，成为国内销量仅次于华为的品牌。应该说 OPPO 和 VIVO 的定位是非常成功的，女性习惯于时尚化，就如时装，每个季节都有流行的款式和色彩。那么，手机也是，女性的换机频率比男性的换机频率高得多。同时女性对手机的价格反而不如男性敏感，特别是年轻的女孩子，手机则成了她个性的象征。国内高端手机市场被苹果牢牢占据了王位，后发制人的华为，通过 MATE 系列和 P 系列也逐步拥有一席之地，OPPO 和 VIVO 也挤了进来。反观小米，为了拼销量，手机单价逐步下滑，反而在品牌定位上、品牌美誉度上大幅度下降。现在无论是品牌美誉度还是单机价格、销售量，已经不能与前三名相提并论了。

现在看国产手机无论是销售量还是售价都在逐步向上走。但是只要看到新手机的发布会，感觉都是同样的套路，那就是这款手机用的是高通最新最强的处理器，用的是最好的显示屏，内存多少多少……讲了半天，国产手机的核心部件都是美、韩、日的，就是将系统最新的版本优化，也是安卓系统，不是中国的！一如二十年前的摩托车行业，广告词是本车采用铃木、雅马哈、本田发动机，这都是异曲同工。但活生生的现实就是，国产手机厂商绝大部分都是外企的高级打工仔！

国产手机做得再大，除了华为，只要向国际市场走，肯定又要面临更多的专利敲诈。即使在国内市场，国产手机厂商不仅要购买美、韩、日企业的核心部件，同时还要向高通等企业缴纳高额的专利使用费。美、韩、日企业对国内手机厂商供货也是有选择性的，并不是你想采购多少就给你多少，这一点在三星手机显示屏的采购中尤为明显。三星最好的手机显示屏优先自用及卖给苹果，最好的手机显示屏肯定不会有中国手机厂商的份，中国手机厂商一般只能用三星手机显示屏的中低端产品，严重地影响了中国手机厂商向高端手机市场的进军之路。华为手机曾经因为三星手机显示屏的断供，导致销量没有达到计划预期，只能寻求其他解决方案。

国产手机厂商虽然年销售几千万台、几亿台，但是购买芯片、显示屏、内存、摄像头的花费也是一个天文数字。操作系统不是中国的，如果收费的话，那么，中国的手机厂商又要被割一次肉。国内手机厂商付给美国高通的专利使用费已经近千亿元，从种种迹象来看，在未来很长一段时间之内，除了华为，中国其他手机厂商还是要延续购买专利使用权的路子，继续沦为整个手机产业链的末端，继续成为高端研发的高级打工仔。更为悲摧的是，我们国产手机在支付给美国高通巨额专利使用费的同时，购买美国高通的芯片，却还在媒体上不惜篇章地为高通公司打广告！

　　国产手机厂商在4G时代的大发展，都是在吃市场的红利而已。国产手机厂商在手机的创新度上，甚至还不如初始时期，TCL的宝石手机红极一时，夏新手机超薄更是独领风骚。做大是组装与品牌的营销运营得好，也只能与美国高通讨价还价时少付一些专利使用费，国内手机行业缺少国际发明专利与标准制定能力是不争的事实，也不是一时就可以改变的。这也说明一个问题，只有做强才能做大，只做大是做不强的。特别是在信息技术领域，技术的发展都是线性的，没有3G的技术基础，是很难直接做4G的技术研究的。国内手机厂商涉及的是知识信息技术的终端产品，而终端产品的原技术开发都是源自信息技术的核心。从这个方式来讲，国内企业只是做了信息技术的终端应用、生产组装而已，离5G、6G的核心技术研发，则差了十万八千里，是遥不可及的。

# 第五章 收购也做不强企业的研发

国内企业在技术创新中的步伐过慢，或者说国内企业的原创技术很稀缺。国内企业数量多，使得本来就少得可怜的研发人员更尤为可贵，但也更难有所突破。现实是残酷的，却与华为任正非的观点独树一帜。2016年5月9日，新华社采访任正非时，任正非的一段话，给国内企业的创新指明了方向。

记者：当下全球经济不景气，华为却逆风飞扬，华为成功的基因和秘诀是什么？

任正非：第一，华为的发展得益于国家政治大环境和深圳经济小环境的改变，如果没有改革开放，就没有我们的发展。深圳1987年18号文件明确了民营企业产权，没有这个文件，我们不会创建华为。后来华为发展到一定规模时，我们感觉税负太重，很多同事说把钱分了算了。这时深圳出了"22条"，提出投资先不征税，等有了收益以后再征税，实行了好几年，这时候，我们就规模化了。

第二，华为坚定不移28年只对准通讯领域这个"城墙口"冲锋。我们成长起来后，坚持只做一件事，在一个方面做大。华为只有几十个人的时候就对着一个"城墙口"进攻，几百人、几万人的时候也是对着这个"城墙口"进攻，现在十几万人还是对着这个"城墙口"冲锋。密集炮火、饱和攻击，每年1 000多亿的"弹药量"炮轰这个"城墙口"，研发近600亿元，市场服务500亿元到600亿元，最终在大数据传送上我们领先了世界。领先世界后，我们倡导建立世界大秩序，建立一个开放、共赢的架构，有利于世界成千上万家企业一同建设信息社会。

第三，华为坚定不移持续变革，全面学习西方公司管理。我们花了28年时间向西方公司学习，至今还没有打通全流程，虽然我们和其他一些公司比管理已经很好了，但是和爱立信这样的国际公司相比，多了两万管理人员，每年多花40亿美元的管理费用。所以，我们还在不断优化组织和流程，提升内部效率。

任正非说的三点，恰恰是中国企业做大做强缺一不可的。第一点就是政策，企业在发展阶段与国家政策、经济发展相吻合，这是一个顺水顺风的过程。第二点就是专一、专业、专注的专家模式。28年来只对一个"城墙口"冲锋，因为任正非看到中国企业与国际化公司相比，无论是研发实力还是管理水平都差得太远，所以只能把公司资源聚焦在一个点上。也就是毛泽东说的，集中优势兵力打歼灭战，这才是中国企业做强的正确打开方式。第三点任正非十分睿智与冷静，在公司迅速发展壮大时依然保持着清醒的头脑，没有像大部分企业家那样头脑发热而晚节不保。任正非清醒地看到与国际化大企业相比，公司在管理等几个方面，还有着较大的差距，而没有因为自己比国内其他企业的水平高一点点而沾沾自喜。任正非是企业的战略大师，这才是华为最珍贵的。

国内企业大部分都想做短平快的赚钱方式，缺乏华为这样28年如一日的对准一个"城墙口"冲锋的精神。当企业做到一定规模后，才真正意识到公司没有真正的研发是不行的，公司没有核心专利是不行的，公司没有制定国际标准的参与权和能力是不行的。这时候的亡羊补牢，似乎只剩下靠收购欧、美、日、韩相关企业华山一条路了。

国际上有适合中国企业并购的公司吗？而且这个公司要拥有大量的本行业专利，而且以前参与过国际标准制定。这样的公司凤毛麟角，因为这样的公司都是国际化的，仅依靠收取专利授权使用费就可以很好地存活，凭什么卖给中国人？除非有隐情！

TCL—汤姆逊的并购就是这样的一个案例：

TCL 集团股份有限公司创办于 1981 年，经历了"电话时代""彩电时代""多元化时代""国际化时代"四个阶段。在 1995 年底，TCL 集团提出了创建世界级企业的目标。在 2003 年 TCL 进一步明确了未来 10 年的国际化发展战略规划：创建具有国际竞争力的世界级企业，2010 年营收达到 1 500 亿元，进入极具竞争力的国际性大企业行列，这就相当于进入世界 500 强。

合并前，法国汤姆逊公司已具备年产 470 万台电视机的产能，并在北美市场的市场占有率为 18%，在欧洲市场有 8% 的市场占有率。同时，汤姆逊在彩电、彩色显像管方面有 34 000 项专利，在全球专利数量仅少于 IBM。但是汤姆逊旗下的彩电和 DVD 业务处于严重亏损状态。

2003 年 11 月 4 日，TCL 集团和法国汤姆逊公司正式签订协议，重组双方的彩电和 DVD 业务，组建全球最大的彩电供应企业——TCL 汤姆逊电子公司，即 TTE。2004 年 7 月 29 日，在这个合资公司中，TCL 与法国汤姆逊共同出资 4.7 亿欧元，其中法国汤姆逊出资 1.55 亿欧元持有 33% 新公司股份，TCL 集团出资 3.149 亿欧元持有新公司 67% 的股份。TCL 绝对控股，这也是中国企业第一次并购世界 500 强企业的业务。

TCL 集团董事长李东生认为：汤姆逊有品牌、技术和欧美渠道，而且 TCL 集团可以借助做欧美市场，规避反倾销和专利费的困扰，同时喊出"18 个月扭亏"的口号。TCL 集团的出发点没错，李东生也确实想改变中国彩电业面临的国际市场针对中国企业的反倾销和收取高额的专利使用费的情况，同时借助汤姆逊的品牌和渠道，完成借船出海。

中国企业的经营管理水平是制约中国企业做大做强的主因。特别是中国企业走向国际市场的初级阶段，不成熟的地方较多，交学费也成了一个惯例。TCL 也不例外，汤姆逊虽然有 34000 多项专利，但主要在传统的 CRT 彩电和背投彩电领域，而这一领域逐渐成为明日黄花。高端的液晶电视方面专利较少，而且核心技术仍掌握在法国公司手里，并没有放到合资公司，就是 TCL 最为看重的国际销售渠道网络并没有纳入合资公司的管控中。可以说，TCL 集团的这次国际并购，并没有到达并购的目的，虽然国际市场中可以使用汤姆逊品牌，但没有掌握汤姆逊的国际市场渠道，更没有得到汤姆逊的核心技术。而渴求的免除专利费，在液晶电视全面到来之际，传统的 CRT 彩电技术已经毫无用武之地。一切照旧，只不过专利费从交给一个公司转移到了另一个公司而已。

通过 TCL 集团的并购案例，国内企业通过并购来解决自己技术与专利短板仿佛是遥不可及的，同时也清楚地说明，国际 500 强企业是真的强。500 强企业战略放弃的业务，都是处于夕阳产业或者是单纯的低利润制造业，无利可图或者亏损严重。TCL 不是一个孤单的案例，其后不久，联想集团并购美国 IBM 的电脑业务，几乎如出一辙，只不过在联想强经营的团队下，维持得比 TCL 集团略微好一些而已。

　　坦率地讲，彩电、手机、电脑行业只是 DVD 行业的翻版而已，国内企业擅长的是生产管理，在低劳动成本下实现劳动密集型的低成本战略。国内企业千万不要以这种成功到国际特别是欧美国家做生产及运营，否则到头来，不可预测的亏损就会成为压死骆驼的最后一根稻草。

　　莫说国内企业，就是中国台湾的企业，国际化水平比国内企业高一些，也一样没有成功。2005 年 6 月 8 日，台湾明基电通股份有限公司与德国西门子公司签署并购西门子手机业务部门的协议。西门子手机部门将以无负债的净资产方式转移到明基电通，包括现金、研发中心、相关知识产权、制造工厂、生产设备和人员等，同时西门子将提供 2.5 亿欧元现金，以便完成收购西门子手机业务的交易。然而仅仅一年后，明基电通董事会于 2006 年 9 月 28 日通过决议，决定不再投资明基西门子在德国的子公司。明基德国子公司也拟向德国法院申请破产保护，并交出公司的经营权，但保留明基西门子手机品牌和销售。

　　明基电通成立于 1984 年，是台湾重要的国际化品牌公司，于 1996 年在台湾发行股票上市。产品与技术涵盖数字媒体、计算机系统及网络通信领域。2003 年净利润为 75 亿新台币，2004 年销售额达 1 783 亿新台币。

　　明基电通并购西门子手机业务，不仅获得了西门子 2.5 亿欧元现金，让明基电通获得了与索尼、爱立信一争高下的机会，还可以借助西门子手机进入欧洲和拉美市场，并大幅提高明基电通的生产能力，成为全球第四大手机品牌。

　　在并购前，西门子手机业务在 2005 年已累计亏损 5.1 亿欧元，成为整个西门子集团的拖累。明基电通本想通过收购西门子打开欧洲市场并强化自有品牌，但西门子手机业务的亏损大大超出了明基电通事先的预算和评估。为了弥补损失，明基动用了西门子的 2.5 亿欧元的并购资金，如果要拯救西门子手机业务，估计还要追加 8 亿欧元的投资。在这个情况下，明基电通的股票从 35 元新台币在短时间内猛跌到 17 元新台币，总市值缩水一半！

2005 年，明基电通第四季度亏损 2.79 亿美元，全年亏损 3.07 亿美元，是明基电通上市以来的首次亏损。明基电通并购西门子手机业务后，手机市场份额从 5.5% 下滑到了 3%。

2006 年 8 月，明基移动公司向德国法院提出破产申请。

2006 年 12 月 14 日，北京明基电通研发中心原西门子员工全部撤离。

2007 年 3 月 21 日，明基电通公布年报：由于收购西门子业务失败，2006 年明基电通亏损 64.5 亿人民币。

2007 年 3 月 27 日，陷入财务困境的明基电通出售所持有的 1 亿股友达股份，获得 47.6 亿新台币现金。明基电通收购西门子手机业务累计亏损 8 亿欧元，至此落下帷幕。

以上两个公司，收购不仅没有做强研发，反而偷鸡不成蚀把米，把自己折腾到死亡边缘走一回。这样的并购风险，也是给中国企业一个很好的警示，的确给国内企业上了一课：国际并购的风险课。

# 第六章　制定国际标准方称强

　　标准，是大家很熟悉却又很陌生的。其实标准随时随地都在我们身边，如超市的烟、酒、食品、日常用品，都会在标签或者产品简介中有明确的标示。一般都是本产品按照标准或者本产品标准号：GB 或者GB/T，GB 就是国家强制标准的简称，GB/T 就是国家推荐标准的简称。所以，标准是一个质量的统一，我把标准分类，分级别来说一下：

　　第一类：企业标准。

　　企业标准是指企业对自己生产的产品进行一个统一的质量衡量。企业标准一般是指在没有国家标准的情况下，企业自己对该产品制定的一个质量标准。这也是一个基础的产品标准，可以在企业标准的基础上，制定行业标准。一般来讲，企业标准良莠不齐，所以企业标准适用于企业的新产品或者是在申请国家标准没有批准之前，产品适用于企业标准。

　　第二类：行业标准。

　　行业标准高于企业标准。行业标准是针对没有国家标准而又需要在国内某一行业范围内统一技术要求所制定的标准。行业标准不得与国家标准相抵触，有关行业标准之间保持协调、统一，不得重复。同时，行业标准在相应的国家标准实施后，即行废止。

第三类：国家标准。

国家标准分为强制性国家标准和推荐性国家标准。对保障人身健康和生命财产安全、国家安全、生态环境安全及满足经济社会管理需要的技术要求，应当制定强制性国家标准。如药品、食品卫生、3C 认证等，这类属于强制性国家标准。强制性国家标准由国务院有关行政主管部门依据职责提出，组织起草、征求意见和技术审查，由国务院标准化行政主管部门立项、编号和对外通报，由国务院批准发布或授权发布。

对于满足基础通用、与强制标准配套、对各有关行业起引领作用等需要的技术要求，可以制定推荐性国家标准。我国的国家标准代号分别为 GB 和 GB/T。

第四类：国际标准。

国际标准是指国际标准化组织（ISO）、国际电工委员会（IEC）和国际电信联盟（ITU）制定的标准，以及国际标准化组织确认并公布的其他国际组织制定的标准。国际标准在世界范围内统一使用。

标准是什么？标准是技术、专利、产业的最终表现形式。我们可以说，标准谁不知道，企业可以为自己的产品定标准，行业、地方也可以为产品定标准，就是我们的国家标准，不也很正常吗？是的，即使有国家标准也很正常，企业没有感到竞争的压力，也没有为此损失什么。但到了国际标准，就是一场利益的大较量！

国际上专利法实施的时间比较早，国外都比较重视知识产权，法律法规比较完善，所以国际市场的规则都是他们制定的。中国的专利法实施时间才几十年，与国外相比差了一两百年，相差的不仅仅是时间，更多的是市场的规则。相比较欧美和国际上有能力制定国际标准的企业，他们熟知市场规则，也熟知国际法，更善于利用国际法来为自己谋取利益。在这一点上，中国的企业刚在国内市场的竞争中摸打滚爬出来、成长起来，对国际间、对国际标准、对专利法还是一知半解，还只是国际市场中的新学生而已。

**国际标准是利益之争，也是国家之争**

国际标准是以专利为核心的利益之争，归根结底，国际标准亦是国家之间的科研实力竞争。

中国企业创立的时间短，创新的知识产权积累少，特别是全球经济一体化的情况下，中国企业需要一个快速的成长过程。但这个成长历程，注定是艰辛的、坎坷的和漫长的，也注定中国人的智慧一定在国际的大舞台上再创辉煌。

1998 年，国际电信联盟公开征集第三代移动通信技术标准。由于国内通信行业的整体发展水平低，在第一代和第二代移动通信标准上，中国曾经采取了以市场换技术的策略，使我国的通讯企业没有任何主动权。结果是技术没有得到，市场却放了出去，导致国内出现了曾戏言的"七国八制"的通信市场境况。欧、美、日、韩等七个国家的八个公司不仅控制了整个中国市场，同时也是国际标准的制定者，也就成了市场的垄断者，中国通信市场的真金白银都流入了外企的账号。

1998 年的 3G 标准征集，是一个机会，国内组织权威专家反复进行讨论。在一月份的香山会议，时任邮电部科技委主任宋直元坚决地拍板：中国申请 3G 国际移动通信的技术标准！中国申请 3G 国际标准，背靠的是中国这个巨大的市场利基。经过诸多努力，2000 年 5 月，中国申请的 TD—SCDMA 终于被正式批准为第三代移动通信的国际标准之一。

TD—SCDMA 被接纳为国际标准，从某种意义上来讲，更使得中国手机企业有了一次与国外巨头在同一起跑线起跑的机会。在 2G 时代留给国产手机企业一道深深的伤疤，2G 时代国产手机份额总共才占 8%，同时还需要向美国高通缴纳专利使用费。TD—SCDMA 成为国际标准，使 3G 成为中国移动通信产业的一个转折点。

TD—SCDMA 国际标准的通过，只是万里长征中的第一步，因为国际电信联盟同时批准了欧洲与日本企业提出的 WCDMA 和美国高通公司 CDMA2000，也就是说共批准了三种制式的第三代移动通信国际标准。这是国际电信联盟的"和稀泥"之类的无奈之举，毕竟这是深层次的利益之争，国家利益之争。

日本的情况或许给了我们很多借鉴：在 2G 时代，日本的通讯企业在全球输给了欧美企业。但在日本本土市场，日本企业依靠标准优势保卫成功。松下公司在日本本土市场占有率达到了 35%，稳居第一名，其后是三菱、NEC 等企业，欧美企业无一进入前十名。3G 时代，中国采用日本方式还是别的方法呢？

中国 3G 牌照的发放，国内三大运营商必将选择各自适用的国际标准。除了 TD—SCDMA 为中国制定外，WCDMA 和 CDMA2000 分属欧、日和美国，高昂的专利费也作为运营商选择考虑的一个因素。为了争夺中国巨大的市场，爱立信、西门子、诺基亚等全球最大的移动设备供应商已经同意限制 3G 技术专利费率，使得比美国高通 CDMA2000 更具价格优势，以此来吸引中国的移动运营商采用 WCDMA 为主导标准。

2008 年 12 月 31 日，国务院常务会议研究同意启动第三代移动通信

（3G）牌照的发放工作，明确工业和信息化部按照程序做好相关工作。工业和信息化部表示，按照国务院的部署和要求，依照法定程序和企业申请，稳妥做好 TD—SCDMA 和 WCDMA、CDMA2000 三张牌照的发放工作，拉动国内需求，促进经济增长，优化电信市场竞争结构。

　　2009 年 1 月 7 日，工业和信息化部在内部举办小型牌照发放仪式，确认国内 3G 牌照发放给 3 家运营商：中国移动获得 TD—SCDMA 牌照，中国电信获得 CDMA2000 牌照，中国联通获得 WCDMA 牌照。由此，2009 年成为了中国 3G 元年，中国正式进入第三代移动通信时代。

　　工业和信息化部在发放牌照的同时也明确表示，TD—SCDMA 发展在 3G 中具有重要的地位。目前工业和信息化部、国家发改委、财政部、国资委、科技部等相关部门研究了一系列扶持 TD—SCDMA 的发展政策。

　　3G 牌照发放落定，这是中国参与的第一个移动通信的国际标准。中国在参考诸多因素后，这次牌照的发放圆满完成，不仅带动中国经济增长，优化了电信市场竞争结构，更是为中国企业参与国际市场的竞争打下了基础。以自主知识产权为主，但不排外，策略的灵活运用为国内通讯企业走出国门提供了最大的便利，也为竞争以后的移动通信国际标准打下了坚实的基础，提供了宝贵的经验。

　　3G 的发展，带动了国内近万亿元的投资，让国内移动通信产业迎来发展的黄金期。一次国际标准的制定，就近似于垄断一个市场，这一点体现得尤为明显。独占一个市场，标准的红利就是源源不断的。更为可贵的是，中国移动作为国内最大的移动通信运营商，选择 TD—SCDMA 尤为难能可贵。作为三个国际标准之一的 TD—SCDMA 来讲，申请成为国际标准的成功，背靠的也是国内庞大的移动通信市场。由中国移动来发展推动 TD—SCDMA 标准是最理想的组合，也是在中国移动的大力推动下，中国的 3G 市场进入高速发展期，同时带动国内通信产业高速高质量发展，并逐步提高了企业的国际化实力。

中国 3G 国际标准的成功，是中国高科技研发的一次试航，也是中国市场思路的转变。改革开放后，中国希望以市场换技术，结果极不理想。这次 3G 国际标准的制定，则可以看作挟市场得标准的成功案例。虽然仍有诸多不足，比如说 TD—SCDMA 的产业化基础薄弱、技术成熟度低等。在 TD—SCDMA 元年过后，TD—SCDMA 的短板逐步补齐，在市场上逐步形成了强大的竞争力。

中国进入 3G 时代，不仅仅令中国的通信设备公司取得了良好的发展，更是带动了手机企业如雨后春笋般地相继而生。在 3G 时代，国产手机企业对核心技术加大研发投入，更是借助庞大的市场推广，中国手机市场进入百花齐放的竞争时代。值得注意的是，在三个移动运营商的三个国际标准的细分市场中，没有一个品牌能够同时在三个国际标准制式中称王。国产手机要在 3G 市场中分羹，无疑极大地考验着国产手机的技术、制造、营运、渠道、宣传等各方面的准备与经验。而此时，华为、中兴、酷派三巨头格局正在慢慢形成。

国产手机在 TD—SCDMA 市场的优势很快就体现出来，在中国移动招标中，国产手机争得大部分份额是很自然的现象。TD—SCDMA 是中国制定的国际标准，拥有自主知识产权，得到国内终端产业联盟的鼎力支持，国产手机已经成为通信产业链中重要的组成部分。截止到 2010 年 5 月，累计 TD—SCDMA 手机销量排行中，三星、酷派、华为、中兴、LG 分别以 24.8%、18.2%、17.4%、15.6%、12.4%分居销量前五名。其中国产手机三巨头，占据了 TD—SCDMA 手机销量的半壁江山。

TD—SCDMA 作为中国的国际标准，是中国移动通信产业的一次巨大机会。不论是在设备、手机、运营都得到一个发展良机。更难能可贵的是，中国移动通信技术专利化、专利国际标准化初告成功，为中国技术向国际标准化制定提供了一个良好的样板，更是作为挟市场得标准的一次验证，为中国的技术创新注入一个广阔的前景。

一流企业做标准、二流企业做品牌、三流企业做产品，这句话揭示了高科技产业的真相。

三流公司做产品：中国制造、MADE IN CHINA 享誉全球，是产品中国制造的代名词，出自我国东南沿海代加工工厂的各类产品运往世界各地。虽然代工的产品质量得到了所有人的认可，但这类代工厂没有研发、没有品牌，这类公司做得再大，也只能是一个三流公司，生产能力是三流公司的核心资产。

二流企业做品牌：国内众多的此类公司，基本都处于这个阶段，如小米、OPPO、魅族、海尔、格力等，当然，富士康也在二流公司行列。特别是在处理 13 连跳事件上，富士康首先想到的不是公司的利润损失，而是竭尽全力维护公司及品牌形象。因为富士康深知利润损失了可以再赚回来，而品牌倒了，公司也就倒闭了。品牌成了二流公司主要的竞争性资产。

一流企业做标准：一流公司做的是标准，制定国际的游戏规则，然后卖公司与国际标准捆绑在一起的专利授权。一流公司让你离不开他！比如美国高通，从 2G、3G、4G 到 5G，在移动通信产业占据了产业链的核心高端，国际标准的制定与公司专利捆绑，同时出售核心零部件——芯片。高通不仅可以卖芯片赚钱，更是依靠专利授权获利极丰。国内的企业有几个能够做到？华为虽然发展很快，但是相比高通，还是略有差距。华为在迎头赶上，但还是需要时间，更需要国内的支持，因为制定国际标准，不仅仅是几个企业的事，更是国家科技与国家实力之间的角力。

什么是一流企业一流公司？一流公司通过自己强有力的研发体系，把研发技术变成专利，并运用各种资源，把专利变成国际标准，这就是一流企业。一流企业拥有左右产业发展的实力，也拥有开创一个新行业、新产业的能力！一流企业的研发能力强，整合资源能力强，有单独制定国际标准的实力，这才是一流企业的核心竞争力。

# 第七章 先强后大 = 帝国

一流企业在研发上做强，在国际标准制定中一家独大，掌握核心零部件，并在产业链终端做大，这样的强大，我们称之为"帝国"。符合这个条件可以称之为帝国的企业并不多，但要是给中国企业找一个比较近的标杆，那么，这个帝国可以参考韩国三星集团。

2017年，三星终结了英特尔25年的霸主地位，成为全球最大的半导体公司，同时，三星挤掉苹果公司成为全球最赚钱的企业。

三星依然是全球最大的手机制造商，同时在电视、显示屏、存储器等20种产品领域都是全球第一。三星是韩国第一大军火商、世界三大造船厂之一。三星如此"恐怖"的产业控制力，甚至引起了行业的恐慌。

宏碁创始人施振荣和台积电老板张忠谋公开说：三星是台湾IT行业的敌人。鸿海董事长郭台铭则说：打败三星是他毕生的目标，日本科技界对三星也是羡慕嫉妒恨。直到目前，三星的优势产业依然稳固，实现了强者恒强。2018年世界500强排行榜，三星电子位居12名、三星人寿位居421名、三星物产位居458名。三星集团三家公司上榜世界

500 强，其中三星电子高居第 12 名，足以证明韩国三星的强与大。

在媒体的认知中，石油是中国的进口大项，但鲜为人知的是，早在 2013 年半导体就取代石油成了中国进口数额最大的商品。中国年进口半导体金额超过了 2 200 亿美元，其中三星占了一大半。谁又能想到，40 年前三星还在给日本打工、30 年前三星还在生产低端产品、20 年前三星还在被索尼吊打！三星靠什么完成逆转？

半导体这个行业，要么拿钱砸死对手，要么被对手砸死！

1983 年，三星兴建第一个半导体公司，正式向内存宣战。由于市场竞争激烈，直到 1987 年，三星半导体一直处于亏损状态。"越是困难，越要加大投资"，亏损没能动摇三星的信念，反而激起了三星的斗志。首先是攻克技术难关，从日本聘请工程师，到美国半导体公司招聘韩国人等。

1987 年，苦熬多年的三星迎来转机。当年美国向日本半导体公司发起反倾销诉讼，最后达成限制协议。受此影响，DRAM 的价格回升，三星乘势崛起，在本年度实现盈利，同时在技术上领先日本企业。

2008 年，金融危机爆发，DRAM 价格雪崩，从 2.25 美元下滑到 0.31 美元，整个行业哀鸿遍野。这时三星却做出一个令人瞠目结舌的决定：将三星电子上一年的利润全部用于生产投资！故意推动增加了行业的亏损。在 DRAM 价格跌破成本价时，最先倒下的是德国巨头奇梦达，由于资金链断裂，于 2009 年初破产。日本尔必达苦撑几年，最终于 2012 年被美光收购，日本东芝的闪存业务，于 2017 年被美国贝恩资本收购，日本人在 DRAM 上一败涂地。

整个 DRAM 行业只剩下三星、SK 海力士和美光三巨头。三星与海力士共占有 75% 的市场份额，韩国成为名副其实的行业霸主。在大数据、云计算、比特币挖矿等需求的带动下，内存价格一路狂升，借此东风，三星把英特尔从霸主的位子上一推而下。

三星的这个策略，在液晶面板重演一次，同样是一战称王。电视业务全球第一，而在小尺寸手机屏的市场份额，最高时达到95%，几乎独家垄断！

韩国三星的崛起与第二代三星集团董事长李健熙密切相关。李健熙曾提出：除了老婆孩子，一切都要变！李健熙的大胆改革，把人才当作三星的核心竞争力，使三星从模仿到超越，崛起后干掉对手而成为"行业公敌"。三星成为当之无愧的企业帝国，与三星相类似的，中国企业要数华为与富士康了。

富士康是全球3C代工领域最大又成长最快的国际科技集团，主要上市公司已于香港证券交易所、伦敦证券交易所及中国大陆上海证券交易所挂牌交易。富士康集团总市值超过700亿美元，产业布局横跨欧、亚、美三大洲，员工总数超过120万人，并在全球共计取得15 300件专利。富士康是全球首屈一指的综合性3C代工商，也成为一个庞大的代工帝国。

# 第八章　纵向整合——产业链之争

## 横向兼并做大

在企业界，曾出现的各类竞争与并购，有多种多样的方式，尤其是业界备受关注的横向整合并购。纵向的并购是产业链完善，品牌与渠道的优化组合，也有技术研发的考量。横向并购常发生于行业发展早期，特别是国内企业之间的并购整合，而国内企业并购国外同行企业，更多发生于行业的成熟期，特别是国际化跨国企业的部分业务战略放弃时，使得并购顺利进行。

以青岛海尔为例，在海尔发展壮大的过程中，通过资产重组、兼并控股、控股联营等方式，迅速扩大了海尔的生产规模，使海尔成为国内白电的冠军企业。从下面的收购时间表，就可以看出海尔的国内收购发展之路：

第一阶段：1988—1990 年，海尔的前身青岛电冰箱总厂，兼并了处境困难的电镀厂，成立微波电器厂。

第二阶段：1991—1995 年，青岛电冰箱总厂兼并了原青岛空调器厂、冰柜厂、冷凝器厂，并成立海尔集团。

第三阶段：1997—2010 年，特别是 1997 年，海尔集团的收购比较多：

1997 年 3 月，出资控股 60%爱德洗衣机厂，成立顺德海尔电器有限公司。

1997 年 4 月，控股 80%青岛第三制药厂。

1997 年 8 月，兼并莱阳电器。

1997 年 10 月，控股 60%杭州海尔，研发大屏幕电视。

1997 年底，兼并黄山电子。

控股 59%贵阳风华冰箱厂。

在这个阶段，海尔提出了自己的企业战略理论，就是"激活休克鱼理论"，只要注入海尔的文化模式和管理模式，很短的时间就使兼并的企业焕发生机，重新充满活力，海尔称之为"低成本扩张"。在这个阶段，国内家电企业快速发展，海尔用"低成本扩张"方式迅速完成了生产的国内布局，并迅速做大了规模，奠定了家电王国的基础。

2010 年后，面对国际产业转移加快的局面，海尔重新开始了对海外知名企业的并购。海尔意在国际知名企业的研发、渠道、品牌、产品线，更为看重并购企业拥有的大量高端市场的客户群体。

2011 年，海尔以 100 亿日元左右的价格，收购日本三洋在日本和东南亚地区的洗衣机、冰箱等家电器业务。

2012 年，海尔以 7 亿美元的价格，并购新西兰家电企业斐雪派克。

2016 年 1 月 4 日，海尔生物医疗完成了对英国科研设备公司 LabTch 的冷链产品业务收购。

2016 年 6 月 6 日，青岛海尔发布公告：海尔收购通用电气家电业务已正式进行资产交割，支付总额约 55.8 亿美元，全部款项已向通用及相关主体支付完毕。

海尔的国际化起步时间较早，曾提出海尔国际化的三步走战略：走出去、走进去、走上去。海尔通过建立国际化的渠道走出去，于 1999 年在海外建立了第一个工业园——美国南卡罗来纳州海尔工厂，来完成走出去的战略计划。自 2011 年收购三洋在日本及东南亚的洗衣机、冰箱业务，2012 年收购斐雪派克到 2016 年 6 月 6 日收购通用电气的家电业务，更多考量的是实现海尔国际战略的第三步，走上去。使海尔的产品在国际市场中去争夺高端产品市场的客户群体，自己原有品牌走不上去，就收购高端市场的强势品牌。

海尔集团的发展可以说比较理性，一直引领国内企业的管理变革，即使是国际化也是理性有余，步子踏实。2019 年 4 月 30 日，青岛海尔披露 2018 年年报，公司实现营收 1 833.17 亿元，同比增长 12.17%，归属母公司净利润 74.4 亿元。2019 年第一季度公司实现营收 480.43 亿元，同比增长 10.17%，归属母公司净利润 21.36 亿元。从以上年报数据看，在青岛海尔的"横向同行业兼并"迅速做大生产规模的同时，品牌梯队化、技术全球化、渠道高端化的"走上去"战略初现成效。

### 纵向整合——产业链之争

纵向整合的难度远大于横向整合，横向整合是以扩大生产规模为核心，而纵向整合使产业链之间的竞争超越了产品的竞争，可以获得关键的话语权、定价权和销售主导权。纵向整合后的产业链之争，也是企业综合实力的竞争，更是准企业帝国的竞争。

2004 年宁高宁入主中粮集团，展开一系列的品牌整合和并购，全产业链初见端倪。同时高调推出"全产业链粮油食品企业"战略，随之展开一系列的宣传推广，把打造全产业链模式作为企业长期发展的主要目标。当然，全产业链不是新生事物，但主要都是国际化的外企所擅长的，主要是携资金、技术、管理的特长，来达到公司掌控市场的话语权、定价权和销售主导权的目的。如国际知名大粮商 AMD、嘉吉、邦吉、路易达孚等企业，通过对全产业链下的种植、加工、物流、贸易、销售的掌控，转化为大型企业核心竞争力的重要组成部分。

全产业链均衡发展是业务整合的初衷，中粮集团将众多业务板块归纳为贸易、粮食加工、品牌类食品业务、酒店业务、中土禽业务、新疆屯河业务、包装业务等。明确"集团有限相关多元化、业务单元专业化"，同时在整合过程中，继续深化"业务单元专业化"思路。这就是集团发展多元化做大，细分市场专业化做强的理念，也是对多元化发展的一个最好的注解。

中粮集团为子公司的品牌背书。中粮曾长期扮演食品企业原料供应商的角色，终端消费者对集团品牌的认知度不够高。针对这个情况中粮集团在全产业链宣传推广中一直强调"中粮出品"的概念，并在广告和包装上都凸显这一理念，希望消费者把集团品牌和子公司品牌的美誉度联系在一起。这样叠加式地不断宣传推广，市场很快就认可中粮这个集团品牌，加上央企的金字招牌，使"中粮集团"凭借强大的实力、美誉度来提升子公司品牌的形象，进而推动产业链的形成，产生强大的放大效应。

推动营销向 B2C 转型，针对社会信息化时代的特征，中粮集团组建了国内第一家食品类网站"我买网"。同时在淘宝网开店，使旗下诸多产品直接面向终端消费者。利用中粮集团全产业链的优势，我买网商品进出库的原则为超过保质期内 1/3 时间的食品不进库，超过保质期内 2/3 时间的食品不出库。这就是以食品为主业的大型央企，中粮集团在食品安全方面做出的表率。

资本运作推进加快转型，资本整合正是中粮集团"全产业链"中的关键一环，凭借资本的力量加速产业整合，也是宁高宁一贯的整合思路。中粮集团要实现全产业链的模式，对财务的要求非常高。为了实现宁高宁的"全产业链"战略，从 2009 年初，中粮集团开始摆脱过去稳健的做派，开始一系列的大手笔收购：

2009 年 2 月，中粮集团正式接管陷入破产的五谷道场，进军方便面市场。

2009 年 3 月，投资 177 亿元建设生猪产业链。

2009 年 4 月，洽购陕西西凤，进军白酒市场。

2009 年 4 月，投资 40 亿元，在北方建设粮油基地。

2009 年 5 月，投资 5 亿元整合丰原生化，进军生物工程领域。

2009 年 6 月，投资 20 亿元助推新疆林果业。

2009 年 7 月，联合厚朴基金收购蒙牛 20% 股份。

2009 年 12 月，出资 1.94 亿元，收购合资公司万威客食品有限公司。

通过资本运营方式，不断进行业务重组和资产整合，优化产业结构。早在 2004 年，中粮集团并购中土畜公司，进行业务和资产整合，调整产业结构和商业模式。中粮集团拥有：中国食品（0506 HK）、蒙牛乳业（2319 HK）、中粮包装（0906 HK）等四家香港上市公司，中粮屯河（600737）、中粮地产（000031）和丰原生化（000930）等三家国内上市公司。

　　中粮集团利用资本优势，并购整合相关目标企业，实现快速发展。中粮入主新疆屯河、重组中土禽、中谷粮油；收购华润酒精和华润生化，接管五谷道场；整合丰原生化，收购蒙牛乳业等步伐，形成以7家上市公司为龙头，中粮集团的全产业链战略初战告捷。

　　创新一直在路上，当技术创新发展速度降下来的时候，则是制度创新、管理创新和模式创新的高峰期。任何时期，都是以技术为先导，等技术创新迎来沉淀期的时候，模式创新则进入新的上升空间，中粮集团正是走在模式创新的新发展期。中粮集团的全产业链战略，主要是在应对国际大粮商把中国市场国际化的背景下，中粮集团为提高自身竞争力而采取的集约化的竞争模式，以求达到国内市场的霸主地位，再进入国际市场有所突破，以围魏救赵的战术，来达到最终的战略目的。

　　中粮集团面临 AMD、嘉吉、路易达孚等国际大粮商的高强打压，唯有同他们一样，拥有对全产业链的掌控，才能与他们竞争。企业间的竞争，已然由单产品之间的竞争到资本之间的竞争，再到全产业链之间的竞争。中粮集团的全产业链战略的实施，也预示着与国际大粮商之间的全产业链竞争才刚刚开始。

# 第九章　华为终端战略（案例）

　　以史为鉴，可知未来！历史，代表浩瀚的过去，是几百年、几千年发展历程的记录，包罗万象又蕴含轨迹。善于判断未来的人，更熟知历史、发掘历史发展的轨迹，结合当下的因素，推测未来的发展方向。这不仅是预言，更是企业的战略方向，不仅能在经营中避险，更是企业加速发展的根源。华为的终端战略，可以说是一个完美的借鉴。

　　摩托罗拉开创了无线通信，是1G的开创者，也是模拟通讯的创始者，摩托罗拉手机随着1G网络的推广，也销售到了世界各地。中国开始使用手机是从1987年开始的，也是摩托罗拉品牌的手机，那时候叫大哥大，不仅个头大，重量也大。当时一部大哥大手机要两三万元，在万元户都很稀缺的年代，可想而知当时有一部大哥大是多么牛气冲天！1G时代是摩托罗拉的天下，更是摩托罗拉日进斗金的黄金时期。

　　由欧洲主导的GSM开创了数字通讯的先河，2G技术全面超越了1G，迅速在全球推广开来。手机市场也从以前的摩托罗拉一家独大，到摩托罗拉、诺基亚、爱立信三分天下。爱立信进入中国手机市场最早，1995年1月，爱立信GH337手机进入中国市场，揭开了2G通讯的大幕。随着 2G 时代的发展，诺基亚以优异的性能、可靠的质量，把三分天下变成了一王并诸侯的格局，成了 2G 时代手机市场的王者。

在 3G 时代，可以说高通和苹果是相互成就并开启了智能手机的大幕。2008 年国际电讯联盟公布第三代移动通信标准：中国的 TD—SCD-MA、欧洲的 WCDMA、美国的 CDMA2000 三个国际标准，这也是中、欧、美三者角力的结果。从 2G 时代后期，中国手机行业开始崛起，在功能机的年代，并没有做出大的成绩，而进入 3G 时代，却让苹果以智能机为开端，大放异彩。两年后三星跟进，共同占据了 3G 时代的高端手机市场。国内手机企业则刚从功能机向智能手机方向演进，并初露头角，这个品牌就是魅族手机。与苹果手机有诸多相似之处，而性价比超高，赢得了很好的市场口碑，而手机用户自称"煤油"。

2014 年国内开启 4G 大幕，苹果、三星依然占据手机的高端市场。随着华为、小米、魅族、OPPO、vivo 等手机品牌的大发展，国内小品牌手机企业摇摇欲坠，迅速消亡。随着 5G 标准的制定和商用，5G 手机时代哪个品牌称雄，哪个品牌终将消亡，也许看看通信行业发展史，就可以略知一二。

### 推倒重来的魄力

在华为的业务构成中，运营商网络业务提供管道服务，企业解决方案以云计算能力为主，以手机为代表的消费者业务为终端。

2009 年以前，华为给运营商做了十年的手机贴牌生产商，因为运营商是华为的客户，所以华为为满足客户的需求，为运营商客户生产贴牌手机。中国是制造业强国，产品品质好而价格低，特别是在 2G 时代与 3G 时代初期，中国制造的功能手机大量出口，也为华为带来大量的订单。直到 2011 年前，华为手机基本以定制方式销售给电讯运营商，只要客户承诺销量，手机只打客户的品牌标识。

究起溯源，在 3G 发展初期，3G 杀手锏业务没有真正落地，如推广的可视电话业务等。而高价买了 3G 牌照的运营商苦不堪言，没有终端手机的支持，3G 业务开展低于预期，纷纷大幅裁员应对危机，运营商的压力迅速传导到华为这些设备商身上。

定制手机是个苦力活，做一款手机，净利润在 5 个点左右。运营商客户提供市场预测，很多物料需要提前三个月下订单。如果市场预测不准确，物料就砸在华为手上，当时采购的物料是海鲜价，出现一批呆料就将全部利润赔光了。

而这不是最难的。印度客户把价格砍到了 50 美元，拉美客户把价格砍到了 75 美元。华为手机若是继续这样做下去，卖得越多，亏得越多。如果赚不了钱，终端业务还有什么继续的理由呢？运营商是华为的客户，但如果客户要华为亏本，华为是不会干的！

苹果救了华为手机！2007 年苹果智能手机横空出世，风靡全球，倒逼网络升级，从而让华为的 3G 通讯业务大放光彩。苹果的成功，让华为意识到，终端、管道和云三个业务是唇齿相依的关系。3G 无线互联网时代，加速了华为管道业务的增长，华为过去致力于"信息高速公路"的建设，技术一流，成为全球数一数二的公司。不过，再好的高速公路，如果没有自己的"汽车"在上面行驶，也只是给别人做的嫁衣。高速公路是固定的、有限的，而车却可以几何级地增长。华为需要像苹果这样的"汽车"，汽车越来越多，高速公路建设与升级就越快，市场就越大。

前景很好，华为手机可以放手一搏！2011 年底，华为在"三亚会议"上提出"华为终端产业竞争力的起点和终点，都是源自最终的消费者"。由此果断决定停止运营商的定制服务，转向进军消费者品牌终端业务。从这一思想改变起，华为保持了多年的客户架构第一次发生了变化。

华为终端战略既定，选将则成了华为终端成败的关键！余承东是典型的华为人，自清华大学硕士毕业后进入华为公司，十几年的时间内，余承东历任华为 3G 产品总监、无线产品行销副总裁、无线产品总裁、欧洲片区总裁、战略总裁等职务。余承东自进华为，从员工做起，成为独当一面的战将，在工作中学习，在学习中成长。余承东敢说敢做，个性高调，适合互联网时代的特质，更适合需要建立品牌的终端业务。余承东敢于冒险，不轻易妥协、工作干劲大、韧性强、敢于挑战。而这，正是华为终端最需要的统帅精神。

事实证明，余承东舍我其谁的霸气，成就了华为终端的崛起。余承东看到小米手机的互联网营销噱头而把手机营销做得风生水起，要敢于向竞争对手学习。华为终端另立荣耀品牌对标小米，加上与合作伙伴的流量截流，迅速把荣耀品牌做了起来，荣耀对标的是小米，是以性价比与偏低价的策略，硬生生在红海市场打出新的天地。

高端的路上带足学费！华为手机的 P 系列是华为手机的高端产品，虽然现在 P20、P30 卖得好，大卖特卖。但华为 P 系列的第一部手机 P1 的开端却是历经磨难。华为终端通过对市场的分析和观察，发现一个新的趋势：

2009 年，iphone3 GS 机身厚度 12.3 毫米。

2010 年，iphone4 机身厚度 9.2 毫米。

三星 S1 机身厚度 9.9 毫米。

2011 年，iphone4S 机身厚度 9.3 毫米。

三星 S3 机身厚度 8.49 毫米，三星以"世界最薄的手机之一"为卖点。超薄机身，已经成为趋势，也是一种时尚，而且还有一定的技术空间。华为终端决定沿继这个趋势的走向——超薄，并设定了目标：机身厚度 7.69 毫米，力求达到"世界最薄"。当时行业的设计制造水平，机身厚度在 9 毫米以下的手机，对物料苛刻。二次创业的华为手机，设计制造能力在 11 毫米左右，以现有的设计制造能力，再消减 3.32 毫米，简直是异想天开！

在华为终端设计的八个方案中，有一款创意来自"埃菲尔铁塔"。借鉴埃菲尔铁塔侧面的倾斜弧度，就可以实现超薄量产。华为终端内部命名为"埃菲尔"。

华为终端在华为日本研究所的帮助下，电池、外壳、支架、玻璃、屏幕等手机核心部件如愿变薄。但一些问题还是难以克服，设计师与工程师对设计原型做局部调整，但"埃菲尔"的美感被无情地扼杀了。华为终端又开始做第二次研发设计，新产品以 Ascendp 系列为代称。华为终端总结了两个准则：工业设计牵引硬件，用户体验牵引软件。工业设计师要考虑后期硬件堆叠的技术瓶颈，工程师必须在既有的框架内完成硬件设计。

新产品模型在设计和硬件之间找到了平衡。华为终端让电池盖厚度降低 40%，手机屏幕降低 20%，同时加入窄边框设计，使 P1 手机机身薄，边框窄，而且机身厚度仅为 6.68 毫米！经过大量的测试与试验后，华为 P1 达到设计的性能要求。

2012 年 1 月，在国际消费类电子产品展览会上，余承东站在讲台上，向全球消费者发布华为首款高端智能手机——P1，而 P1 首要一个卖点就是超薄。2012 年 4 月 18 日，华为在北京国家会议中心举行了 P1 手机的全球首发上市仪式，开启了华为 P 系列手机的品牌征程。

新生的华为 P1 系列手机在 2012 年卖出 50 万台，虽然与三星的 S3 上市 5 个月销量突破 3 000 万台、苹果 5 手机 3 个月内完成 2 740 万台相比，华为 P1 的销量不值得一提。但是华为 P1 系列手机是与三星、苹果对标的高端国产手机，虽然销量不尽人意，但 P 系列的开篇之战，总算开启了。

有必要说一下苹果手机的销量模式。在 2012 年苹果仅三个月就卖掉 2 740 万台，这也与苹果手机前几款产品的营销战略密切相关。总结苹果手机在国内市场的营销策略，我们就明白苹果的营销成功不是偶然的。苹果与运营商及客户签署协议，一般消费者客户与运营商签两年的包月合同优惠购机。比如苹果 4，去年你购买了苹果 4，今年苹果推出 4S。4S 的购买客户分为两种情况，一种是从 3S 手机用户转过来的，苹果手机用了两年了，也该换了。另一种是新增的果粉，看到别人用或者说好，也就来购买苹果 4S 了。这两部分消费者是苹果手机销量滚动发展的主要原因。而明年推出苹果 5，在你用了两年苹果 4 以后，与运营商 2 年的合约也已到期，也到了该换机的时候。当你用习惯了苹果的操作系统，也就有了品牌的黏性，更习惯选择苹果手机了。所以，苹果手机的重复购买率是最高的。所以，2012 年苹果 5 手机在三个月内卖了 2 740 万台，这也是意料之中的。

苹果不仅仅创造了智能手机高端销量之王，而苹果手机的利润模式更是让国产手机望尘莫及。苹果每年推出一款升级版手机，和上一款相比，只在内存上有三个差别，其他部分完全一样。这更有利于手机的大规模生产、采购，规模优势让苹果发挥到了极致。苹果每年 2 亿多台手机，内存完全一样，生产简单而又高效，单机生产成本远远低于国产手机。国产手机一般是几十万、几百万台的采购和生产量，怎么能同苹果的采购量相比！国产手机型号众多，单机生产成本高，在消费者重复购买率低的情况下，营销成本却比苹果高了太多。一多一少之间，利润源源不断地流向了苹果的账号。曾有一个说法，苹果三星占据了智能手机行业95%的净利润！这从苹果手机的年利润和三星的年报就可以略知一二。

2013年1月8日，在拉斯维加斯国际会展中心，余承东发布了被华为誉为"超级战斗机"的D2。D2拥有强悍的防水、防尘、防摔"三防"功能。在华为的宣传中，D2创造了一系列之最：最薄、最防水、最坚固、最美、最智能等等。但消费者是感性的，对一系列数字式的性能，显得尤为理性，没能让D2的销量一飞冲天。D2卖高价不仅仅是硬件的问题，定价时只考虑了三星、苹果的对标，对标的是技术性能、产品参数，却忘了产品营销的核心——品牌！一个初出茅庐的毛头小子，挑战智能手机的开创者苹果、手机产业链集大成者三星，在没有美誉度之前，谈何容易？说到底，是因为华为手机的知名度低，美誉度更低。

D2手机是华为终端早期产品的一个缩影，一方面华为手机选择对标的是苹果、三星，坚持品质与价格的相对高端，却又因为华为品牌初创，使华为终端的发展尤为艰辛。

2013年6月18日，华为P6手机在英国伦敦圆屋顶剧场内揭开了神秘的面纱。华为P6手机兼具时尚与知性的美感气质，成为当时最具颜值的手机。P6手机在工艺能力、架构设计等关键技术上，领先苹果、三星手机。华为P6手机之所以跃过P3、P4、P5，取名P6，就是要用P6来PK苹果6！消费者的认可最直接的表现就是销量，2013年，华为

P6 的销量超过 400 万台！从此宣告，华为 P 系列手机在高端市场占有了一席之地，逐渐成为国产手机的旗舰代表机型。

大屏塑就 Mate 系列。2011 年 9 月，三星在德国柏林国际电子消费品及家电展览会中首次发布 Galaxy Note 系列手机。Note 系列手机拥有 5.3 英寸超大显示屏，为了让客户获得更好的体验，三星特意为 Note 配备了数字笔 Spen。数字笔可以直接在屏幕上做笔记和画图。Note 发布会后销量迅速增加，三星再根据市场反馈，乘势追击。2012 年初，三星发布 Note2，首月销量即达到 300 万台，前两个月达到 500 万台，整体销量达到了 3 000 万台！

三星 Note 系列因为大屏幕而销量狂升，直接推动了手机的大屏化，并引起了市场的爆发。面对迅猛发展的三星，华为坚持自己的节奏还是选择跟进？如果跟进，该选择怎样的方式呢？

华为在 Note 发布的同一时间也意识到三星所看到的关键点：对于中国市场而言，大屏设计方案不仅适用于商业客户，更重要的是，它与视频风潮的盛行完美结合。2013 年中国 4G 牌照的发放，标志着国内移动互联网正式迈入高速的 4G 时代，流量价格日趋走低，为整个视频应用爆发提供了支持。

看准行业的趋势之后，2013 年 3 月，华为推出同样主打大屏设计的 Mate 系列手机。Mate 显示屏采用 6.1 英寸高清分辨率大屏，比普通屏幕更薄更亮，拥有更大的可视角度。考虑到应用视频的高能耗，Mate 采用了 4 050 毫安锂电池，可以确保 Mate 手机续航超过 48 小时，并为手机提供最全的视频解码功能，几乎支持所有视频格式硬解码，实现电视剧集连播。诸多优势，让 Mate 正式起航。

2014 年 9 月，Mate7 携 EMUI3.0 正式亮相，Mate7 的软硬件达到高

度智能融合，使 Mate7 一经发布，成为华为手机的爆款。华为顺风而上，又推出 Mate8、P8 等新产品，引起爆发式增长。

2015 年，华为消费者业务收入超过 200 亿美元，同比 2014 年大增 70%！2015 年华为手机全年出货量达到 1.08 亿台，同比增长 44%，稳居全球第三名，也是中国第一家智能手机发货量超过 1 亿台的企业。

2015 年是华为手机由质到量的转变，也从 2015 年开始，华为手机如坐上火箭一般，手机销量年年暴增。2018 年华为消费者业务收入达 3 489 亿元，首次超过运营商业务，成为华为第一营收支柱。华为消费者业务同比增长 45.1%，占总营收的 48.4%，成绩耀眼！

华为手机的崛起，从公司战略到选人都是天作之合，合其时、顺其势、引其本，最终迎来 2018 年的大丰收。2018 年，P20 系列手机出货量超过 1 600 万台，Mate20 系列，上市两个月出货量超过 500 万台。华为的 P 系列和 Mate 系列在 2018 年合计出货量超过 3 000 万台！其中 P20 系列完成营收 720 亿元，占华为手机业务的五分之一！华为在高端手机市场初露峥嵘，全年出货量达 2.08 亿台，位居全球第三。

华为终端消费者业务是华为的"汽车"业务，现在"汽车"业务首超"高速公路"业务的营收，并继续保持强劲的增长势头。华为手机的爆发，与华为公司的技术研发密不可分，更与公司的战略密切相关。1G 时代的摩托罗拉，2G 时代的诺基亚，3G 时代的苹果、三星，4G 时代的三星、苹果、华为，而 5G 时代，则会是华为、三星争霸天下的时代。

华为手机有"管道"业务的技术支撑，三星手机有产业链整合为其支撑，而苹果，则在创新的路上慢了下来，技术变革越来越少。从 2019 年 1 季度的报表来看，华为手机同比大增 50%，销量达 5 900 万台，而苹果手机2019年第一季度仅仅销售4 380万台，比华为整整少了1 520万台！华为后发先至，厚积薄发，已经完成了从追随到超越的转变。

余承东放话，三年内超过三星！如果单指手机，相信余承东不仅仅是余大嘴，而是让华为手机以年增长率近50%的速度向前超越。在华为的发展中，没有什么是不可能的，华为，加油。

# 第三部分：创新引领未来

### 研发做强、应用做大

一个企业，发展的均衡，产业链衔接完整，以专利标准为龙头，以品牌、制造为两翼，以资本为纽带，才是正常的、健康的。也就是说，企业首先要有自己的研发创新体系，结合公司文化的品牌形象与市场目标客户定位。加上先进高效的生产制造，通过市场的快速交易，提高资本的利用率，加快企业的资本周转率，形成资本的高盈率，这就是企业运营的核心。

研发创新做强的两个途径：一是创新技术专利化，专利国际标准化，这条路径是梦寐以求的高级阶段，也是努力的方向，是企业最核心的竞争力。二是以市场为导向的应用创新，形成小改进、大市场、大增值，这就是应用创新的本源，研发创新做强就是企业做强。

一流企业做标准，二流企业做品牌，三流企业做生产。这句话没有错，但如果一个企业集研发做强、品牌做强、销售生产做大，把一个产业链的上、中、下游都做得足够好，这就是一个产业帝国，无人可以撼动的企业帝国，也必将是一个庞大的产业帝国。从历史的发展、工业革命以来的企业史来讲，任何一个企业帝国的形式，莫不是以技术的创新、专利的保护、市场的垄断而迅速崛起的。

美国通用电气公司（简称 GE），创立于 1892 年，创始人为发明大王托马斯·爱迪生。通用电气公司的历史可以追溯到托马斯·爱迪生于 1878 年创立的电灯公司。1892 年，爱迪生电灯公司和汤姆逊·休斯顿电气公司合并，成立了通用电气公司。爱迪生发明了电灯，并使其商业化，带动了人类光源的一次革命，并在多元化发展中逐步成长为出色的跨国公司，是名副其实的企业帝国。

通用电气的品牌宣传语是"梦想启动未来"！通用电气公司致力于不断创新、发明和再创造，将创意转化为领先的产品或服务。截至目前，美国通用电气公司是世界上最大的多元化服务性公司，从飞机发动机、发电设备到金融服务，从医疗设备、电视节目到塑料制品。通用电气致力于通过众多技术和服务创造更美好的生活。通用电气在全世界100多个国家开展业务，在全球拥有员工超过30万人。美国通用电气前董事长杰克·韦尔奇，更是备受国内企业家的崇拜，使杰克·韦尔奇的书在国内畅销一时。

2016年10月，通用电气排名全球100大最有价值品牌第十名。

2017年6月1日，美国通用电气公司宣布，在中国天津空港经济区启用其首个美国以外服务于多个业务部门的智能制造技术中心。

2017年6月，《2017年Brandz最具价值全球品牌100强》公布，美国通用电气公司名列第十九名。

2018年7月19日，《财富》发布2018年度的世界500强排名中，美国通用电气公司名列第四十一名。

2018年12月18日，世界品牌实验室编制的《2018世界品牌500强》公布，美国通用电气排名第十四位。

美国通用电气就是一个很好的案例，从技术研发的强，到中游市场的品牌，再到产品的销量，确实是一个标杆。通用电气的研发创新是最强的，也是通用电气的核心竞争力，这也是通用电气"梦想启动未来"的战略体现。创新就是把创意科学化、实用化、产业化！一个好的创意并不难，难的是这个创意的科技含量有多高，对现有的社会物质生活方式有无明显地改进，能不能完成产业化、市场化。可以说，美国通用电气很好地解决了这三个问题，把创意创新流程化、系统化，并推动产业化和市场化，以此来服务于客户。

美国通用电气公司是典型的研发做强型企业，更是作为《财富》世界500强企业之一，排名高居第四十一名，这就是创新的硕果。但我通过大量数据分析后认为，跨国企业，特别是强研发型企业，都在把他们的优势点加速放大，把他们的短板直接扔掉！大家或许总被中国企业的跨国并购带来的荣耀与光环所麻痹，但是我认为，这是跨国企业成功地让中国企业背锅了！

# 第一章　强研发的去短板

在企业的发展与国际化的大环境下，跨国公司在研发创新的路上，步伐越走越快。在去短板——生产产能的路上越来越坚决，特别是普通制造业的产能上，优势越来越少的前提下，各自加快了战略转型。而中国企业经过几十年的发展，在打好国内市场基础的同时，也加快了国际化的进程。中国企业有两个短板无法克服，一直希望通过国际化来改造完成，那就是收购！一方因战略调整，抛掉不赚钱和低利润的普通制造业。一方是经过单纯量的发展要向质的转变，需要借助国际化的研发、品牌和渠道，于是，大家一拍即合了。

2003 年 11 月 4 日，TCL 集团与法国汤姆逊宣布重组双方的彩电业务和 DVD 业务，组建 TCL 汤姆逊电子公司，即 TTE，这是中国企业第一次并购世界 500 强公司的业务。

2004 年 4 月 26 日，TCL 集团与阿尔卡特签订了股份认购协议，双方将组建一家合资公司，从事手机及相关产品和服务的研发、生产及销售。

2004 年 12 月 14 日，联想集团以 12.5 亿美元成功收购美国国际商用机器公司 IBM 全球的个人电脑和笔记本电脑业务。

2005 年 6 月 7 日，明基电通宣布收购西门子手机业务，并取得西门子品牌使用权十八个月，2005 年 10 月 1 日生效。

2010 年 8 月 2 日，吉利控股集团宣布正式完成对福特汽车公司旗下的沃尔沃轿车公司的全部股权收购。

2011 年 11 月 15 日，美的电器发布公告称，美的收购日本开利拉美空调业务公司 51% 的权益，交易已经完成，美的共享其原有的销售渠道。

2012 年 4 月 7 日，三一重工股份有限公司与德国普茨迈斯特控股有限公司宣布，三一重工以 3.6 亿欧元收购普茨迈斯特 100% 股权，完成了此次"蛇吞象"式的并购。

2016 年 1 月 15 日，海尔集团宣布收购美国通用电气 GE 的家电业务，收购额为 54 亿美元，接管 GE 家电部门的人员和在美国的销售渠道，同时获得家电专利和 GE 的家电品牌使用权。

2016 年 3 月 30 日，鸿海集团宣布，董事会决议认购夏普发行新普通股，最终以 35 亿美元的价格收购夏普 66% 的股份。

2016 年 3 月 30 日，美的集团发布公告称，经交易双方一致协商，美的拟用自有资金 4.73 亿美元收购东芝所持有白色家电业务 80.18% 的股权，再获得东芝品牌 40 年全球授权、超过 5 000 项家电相关专利及销售渠道和制造基地，同时承担东芝家电约 2.2 亿美元的债务。

从以上的并购案，我们可以清楚地看到一个模式，真正的世界 500 强强在研发，强在创新，把低端的制造业都卖掉，而卖掉的又恰恰可以让中国企业自认可以补上自己的短板，也就形成溢价购买。这些跨国公司在卖掉低端、下游业务后，继续加强其上游的业务发展，形成了强者恒强的局面。中国企业在购买跨国企业的"瘦狗"业务后，在短时间内依靠国内低廉的人力资源可以扭转这类业务的困境。但从长远来看，这是中国企业国际化的学费之一，在中国企业逐渐变强以后，也会像跨国企业一样，用产业链转移的方式，将下游低端制造业转移到人力资源丰富而又低廉的国家。这就是资本的逐利性，也是国际经济全球一体化的通用模式。

美国通用电气的多元化发展是以技术研发为核心带动的，同时又根据国际形势不断调整。特别是在杰克·韦尔奇的治理下，通过不断地并购来实现公司在多行业内保持领先的"数一数二"战略。也就是在"数一数二"战略的实施下，通用电气的子公司必须在全球范围内做到前两名的位置。子公司在全球行业内做不到前两名，那就并购前两名的企业，如果没有并购的可能性，通用电气就会把子公司卖掉，退出该行业。

海尔集团并购通用电气家电业务，可以说是两者目前的最佳结合。随着中国家电企业在全球范围内的强势崛起，用的是大规模的低成本制造，逐步挤掉了日本、欧美的家电企业，使欧美及日本的家电企业在生产及终端市场逐步没落。而中国家电企业的高端市场的产品及营销渠道的硬伤，只有靠兼并来达到。美国通用电气家电业务品牌好、产品定位高端、市场渠道健全。但面临中、韩家电企业的迅速崛起，使美国通用电气的经营压力越来越大，增长速度降低的同时，经营毛利润的降低才是通用电气不能接受的。通用电气战略性地退出家电业务是很自然的选择，也是为了把通用电气自身的短板直接抛掉！

美国通用电气在"梦想启动未来"的战略下，加大创新力度，加快发明和再创造，将创新转化为领先的产品和服务，更多地通过专利和技术的服务方式，来服务全球的相应企业。以低投入，赚取高额的佣金，美国 IBM 公司与美国通用电气 GE 如出一辙。

IBM，曾经的国际 IT 跨国公司，在 2004 年 12 月 14 日，IBM 把电脑和笔记本业务卖给中国联想集团，从而开启更有质量的经营——IT 服务。IBM 卖掉的是不赚钱的生产低价值业务，而加强了在研发的投入，把业务由卖电脑产品转向卖 IT 服务。由此，IBM 放弃下游，以强大的上游研发，来服务中、下游高净值客户，公司营收的盈利比率却大幅度提高了。IBM 没有因为卖掉电脑生产业务而萎缩，反而公司的发展质量更高了。

IBM 在上海公布了即将在中国市场开展一项新的服务业务——IBM 工程技术服务。IBM 工程技术服务部全球总经理杜博年先生、IBM 科技业务部大中华区总监张烈先生出席新部门成立仪式。新业务部门同时与复旦大学签署协议，建立一项针对公司主管的学术项目，帮助他们更好地开发、管理和保护知识产权。

IBM 工程技术服务去年在美国、日本、欧洲开始展开，帮助各行业客户设计系统和软件，主要针对行业有 IT 和网络、航空和国防、半导体、汽车、医药电子和产业自动化，帮助各行业客户应对技术驱动的业务挑战。

IBM 工程技术服务部汇聚 IBM 全球 100 多个工程师和大量 IBM 自主知识产权为客户提供随需而变的服务。为促进在大中华区的业务拓展，IBM 任命胡志群博士为 IBM 工程技术服务部大中华区总监，IBM 大中华区资深顾问张超协助他工作。

IBM 工程技术服务部在中国大陆，这一新的部门将侧重三个服务领域：一是部件解决方案，包括芯片技术及封装设计解决方案。二是系统解决方案，包括系统的构架和设计服务，以及能源、包装和冷却解决方案。三是技术咨询，涵盖知识产权管理、技术转移、生产流程咨询、认证和工程设计自动化"随需而变"的服务。

张烈先生表示，最近十年里，IBM 拥有两万两千多项美国专利和三万七千多项国际专利。公司内部筛选和保留高价值专利的程序相当严格，保障了产品、服务和研发投资。IBM 连续 10 年名列全球专利之最，在客户有关知识产权的关键事务上很有经验。通过和复旦大学开展这一独特的新项目，与大家分享这些经验。

为了促进中国知识产权理论和学科的发展，IBM 公司和复旦大学在知识产权管理学科建设领域开展广泛的合作，共同培养具有国际水平的知识产权管理人员。为政府、行业协会、企事业单位提供专业咨询服务，实现知识产权本身的价值，为中国早日实现知识产权管理的国际化水平做出贡献。复旦大学杨玉良教授表示，复旦大学拥有一支高水平的师资队伍，在众多学科中，既有享誉四海、造诣弥深的老学者，又有一批优秀的中青年学科带头人。学校以"面向 21 世纪，把复旦大学建设成为具有世界一流水平的社会主义综合性大学"为奋斗目标，力争把复旦建设成一所立足上海、国内一流、国际上有较大影响力的高水平、研究型的综合性大学。与 IBM 的合作，将加快这一进程。

美国通用电气和美国 IBM 公司作为标杆企业，通过去短板战略，更为成功地完成了升级转型。通过观察欧美企业近些年的并购案，欧美企业进行的并购更多地转向了新型的、新兴的、有大量专利技术的公司。而中国企业的并购，最多的还是在收购欧美企业的短板——生产及渠道。收购的两个差别，也决定了中国企业与欧美企业的差距，更多的是体现了中国企业与欧美企业在发展质量与专利技术之间的巨大差别。

中国企业与欧美企业差距更大的地方在于企业的战略思想，应该说中国企业成立时间短、国际化经验少，还需要加快成长的步伐，更要解放思想。

木桶的短板决定了木桶的盛水量，这一直是企业界长谈不衰的话题。如果企业是一只木桶，盛水量的多少取决于木桶最短的那块木板，这是一个常识。那么企业在诸多因素下，往往是只有几个优势，剩余的全是短板，这个现状符合国内的企业。欧美企业特别是跨国公司的短板相对较少，越接近短板理论，是不是外企就不行呢？首先从结果看，外企特别是世界 500 强企业，强者恒强，这类的外企处于产业链上游的垄断位置。这类外企的短板是下游市场的做大，然后这类外企相继把下游的制造业务基本都卖掉了，用战略舍弃，完成了去短板。中国企业长板不多，短板过多的现状，则是代表国内企业平庸的太多，去短板？这个情况是不现实的，只能不断加长短板的长度，这就是中国企业并购的目的。一旦中国企业的并购只是暂时解决短板问题，随着公司发展或者产业、行业技术大换代，那么，原来的收购也会成为新的短板。这样的例子，可以用 TCL 集团收购法国汤姆逊的彩电业务和 DVD 业务就可以清晰地看出来。

### 收购阻碍国内企业创新

欧美企业通过去短板，强者恒强！而中国企业充当了部分接盘侠，虽然在短时间内提高了中国企业在国际市场产能与渠道的竞争力，却也明显地阻止了中国企业的源创新，这已经是一个不争的事实。中国企业短板多，一是国内企业成立时间短，发展从初级、中级向高级方向迈进，需要时间，更需要一个过程。用接盘侠的学费来扩充产能、品牌、渠道和技术积累，也是必由之路。不过，国内企业在收购外企的制造业务后，在技术的源创新上并没有本质的改变，而且在消化所收购企业的专利方面做得还远远不够。特别是这些收购的专利已经是相对过时的技术，国内的研发人员吸收不会太理想，更别谈在此基础上进行创新了。

国内企业在收购外企的制造业务后，前几年的经营整合才是最大的挑战，这与联想集团收购 IBM 电脑及笔记本业务后的亏损，是如出一辙的。国内企业在收购外企制造业务后，重心在调整，在管理规模迅速扩大，首先管理面临巨大的挑战。国内企业的研发体系更无法与猛然增大的产能和管理体系相匹配，只会加剧企业研发严重地滞后于企业发展速度，最终会阻碍国内企业在源技术、专利的健康研发流程，会丧失一个重要的机遇。

# 第二章　终端做大

看到诸多优秀企业逐步从低端制造业相继退出，逐渐从低端制造向产业链中、上游发展，进退之间，寻找彼此的平衡点。对通讯产业而言，美国高通、爱立信、华为、诺基亚、三星在产业链上、中游占据高端，而国内 OPPO、小米、华为、魅族等手机企业则在通讯产业的终端做得风生水起。这不仅是中国手机企业的盛宴，也是移动通信产业的红利持续释放。

拿 2015 年、2018 年华为、爱立信、诺基亚、高通的年报，可以纵向做一个比较，这两个年份相隔三年，可以从中看到企业的发展是停滞还是前行，更可以看到企业增长端是哪一部分。

|  | 2015 年营收 | 2018 年营收 |
|---|---|---|
| 华为 | 608 亿美元 | 1 085 亿美元 |
| 爱立信 | 303.6 亿美元 | 235.563 亿美元 |
| 诺基亚 | 300.65 亿美元 | 260.917 亿美元 |
| 高通 | 264.87 亿美元 | 222.91 亿美元 |

|  | 通讯设备 | 通信设备 |
|---|---|---|
| 华为 | 358 亿美元 | 2 940 亿人民币 |
| 爱立信 | 303 亿美元 | 235.563 亿美元 |
| 诺基亚 | 300.65 亿美元 | 260.917 亿美元 |
| 高通 | 264.8 亿美元 | 222.915 亿美元 |

从 2015 年各公司年报可以看到，华为公司以总营收 608 亿美元遥遥领先于爱立信、诺基亚、高通等公司。而在通信设备领域，华为以 358 亿美元同样领先于爱立信的 303.6 亿美元、诺基亚的 300.65 亿美元，美国高通则在通讯芯片及专利授权营收 264.8 亿美元。

2018 年四大公司营收出现巨大变化，其中华为总营收 1 085 亿美元，独占鳌头，爱立信以 235.56 亿美元位居第三名，诺基亚以 260.917 亿美元位居第二名，高通则以 222.915 亿美元排名末尾。三年时间，华为从 608 亿美元增至 1 085 亿美元，其中移动通信设备收入为 2 940 亿人民币，从 2015 年的 358 亿美元，约 2 323.07 亿人民币升至 2 940 亿人民币。华为公司在 2018 年通信设备同比 2017 年微降 1.4%，虽然华为在运营商业务营收增长乏力，但也要看到 2018 年爱立信营收相比 2015 年下降 68.1 亿美元，诺基亚同比下降 40 亿美元的时候，华为在移动运营商业务的统治力更强了，市场份额更大了。

通过国际电讯设备商和华为的年报，可以清晰地看到，运营商业务发展基本上是停滞的，特别是 2017 年和 2018 年。这里面有两个方面的因素，第一个因素就是国际市场的 4G 建设大潮接近尾声，而 5G 的建设还没有大规模开始，或者说 5G 建设发展还处于市场的培育期，5G 通讯市场的巨大红利还没有开始释放，所以影响了各设备商的发展。第二个原因就是还有新的设备商进来，正在分市场的蛋糕，虽然份额很小，比如三星电子等。这两个因素的叠加，造成了爱立信、诺基亚销售额大跌。特别是在 2018 年度，爱立信亏损 41.198 亿美元，诺基亚亏损 16.84 亿美元。即使是美国高通，销售额较 2015 年下降 41.96 亿美元，利润更是大跌 55.01 亿美元，2018 年利润仅为 24.66 亿美元，与 2015 年度的 79.67 亿美元有天壤之别。

华为 2018 年度总营收为 1 085 亿美元，主要的增长来自消费者业务，也就是通讯产业的下游，移动终端产品，营业收入为 3 489 亿元，占华为总营业额的 45.1%。华为 2015 年年报中，消费者业务收入为 1 291.28 亿元，占华为总收入的 33%，短短三年时间，华为消费者业务猛增了 2 198 亿元！占公司总营收比例上涨 12.1%。华为消费者业务的大爆发，支持了华为公司的快速发展与高额的研发投入，反过来高额的研发投入，让华为消费者业务快速发展，形成良好的互动，这就是技术的终端应用做得最好的标杆。

华为消费者业务的快速发展，是爱立信、诺基亚所望尘莫及的，因为在 4G 之前，他们已经在移动终端市场的竞争中被淘汰了。从 2G 开始，爱立信就在国际市场大行其道，随着中国手机市场本土手机厂商的崛起，爱立信与索尼联合，成立索尼-爱立信，再战市场。可惜爱立信压错了宝，索爱手机风行一时后迅速退出了中国市场，最后彻底消失。诺基亚更是 2G、3G 时代的王者，以款式多、经久耐用而征战市场。2007 年苹果手机横空出世，以大屏、智能、触控、多应用而迅速占领高端市场。苹果的操作系统独树一帜，很好地配合了苹果手机的硬件，可谓文武双全。诺基亚此时已经是一个名副其实的手机王国，其支持的塞班系统是功能手机上加智能，或者说是功能手机的加强版而已。如此产品怎么能竞争过苹果，竞争 3G、4G 时代的消费需求？诺基亚手机业务于 2014 年 4 月 25 日，与微软公司完成交易，以 54.4 亿欧元的价格，将诺基亚设备与服务业务出售给微软后，正式退出市场。诺基亚手机于 2017 年年初携 NOKIA6 再战手机市场，但现在的手机市场，已经是中、韩、美等国企业称霸的时代，诺基亚手机已经是边缘化了。

反观这一段时间的中国市场，在美国苹果推出第一款智能手机两年后的 2009 年 2 月 18 日，中国国产第一款智能手机魅族 M8 正式上市，由此拉开了中国国产智能手机的新时代。魅族 M8 手机可与苹果手机相媲美，看上去两者实力悬殊，但论口碑，魅族 M8 一点也不落下风。魅族 M8 凭借和苹果相近的功能和低一半的价格，不但征服了国内的消费者，也开始在国际市场抢苹果的份额，即使对产品要求很高的法国电信，也一次购买 5 万台魅族 M8 手机，拉开了国产智能手机出口国际市场的大幕。

2010 年，中国国产手机的时间节点。2010 年 1 月 12 日，谷歌宣布退出中国市场，有趣的是，谷歌公司的安卓系统在同一天发布了 2.1 版本。在当时的手机操作系统市场，诺基亚、三星支持塞班系统，苹果手机用 ios 系统，而安卓系统的免费开源政策，很快就吸引了国产手机厂商的关注与竞相使用，为国产手机的发展提供了最好的操作系统支持。

以 MIUI 起家的小米手机，在 2011 年推出第一款小米手机小米 1。小米 1 是世界上第一款双核 1.5GHz 的智能手机，售价 1 999 元。1GB 内存、4GB 闪存，支持 32GB 的 SD 卡扩展、800 万像素摄像头等等。毫无疑问，小米 1 一经推出，不仅成为当时性价比最高的智能手机，更成为年度爆款手机。小米手机趁热打铁，又发布了小米 1S，售价只要 1 499 元，同时配有 200 万像素的前置摄像头。

小米 1 系列手机总共销售 790 万台，为小米手机的开局奠定了基础。

2012 年，小米公司发布了小米 2，小米 2 配置 2GB+16GB 内存，800 万像素后置摄像头与 200 万前置摄像头。或许有好事成双之说，更有小米 1 的口碑因素，小米 2 系列手机共取得 1 740 万台的销量，一炮而红。

2013 年 9 月，小米 3 手机发布，小米 3 手机首次尝试了一体化设计，而且在宣传中突出了工艺。小米 3 因为在处理器上的变动，引起一些争议。小米 3 手机最终销售 1 440 万台，低于小米 2 系列手机的销量。

2014 年 7 月 22 日，小米公司公布小米 4 手机。搭载晓龙 801 处理器，后置 1 300 万像素、前置 800 万像素，有 2GB 和 3GB 两个内存的版本。小米 4 不仅性价比高，更是主打"一块钢板的艺术之旅"为宣传语，使小米摆脱了最初的公模外观和廉价感。小米 4 系列手机共销售 1 610 万台，使小米手机成为国内一线手机品牌。

小米手机的巨大成功，特别是被传为互联网营销模式，更是给小米公司增加了些许神秘。但在互联网时代，任何模式近乎透明，国内其他手机厂商一拥而上，开启了国产智能手机的大时代。

2004 年，华为终端公司成立，直到 2011 年前，华为手机基本都是定制形式销售给各国的运营商，不直接销售给消费者，因此鲜为人知。当时华为手机定制分两种模式：一是运营商承诺销量，手机只打运营商的品牌标识，没有华为的品牌标识。二是手机上打运营商和华为的双品牌标识，这时华为给予运营商宣传补贴。定制机是个体力活，做一款手机，利润极低。运营商提供市场预测，而华为手机很多物料需要提前三个月下单，如果运营商的市场预测不准，物料就可能砸在华为手机手上，出现的这一批呆料，手机的利润就全亏了。

2011 年，余承东卸任华为欧洲总裁，接手华为终端 CEO，由此开创了一个新时代。2011 年是关键的一年，任正非带领徐直军、郭平等一众高管，到华为终端业务开会。确定了不再推运营商定制手机，而是坚定走开放市场，建立自己的手机品牌。华为终端的这次会议，后来被认为是华为终端的"遵义会议"。

华为终端的战略既定，华为手机营销方向的转向必然会交学费，比如叫好不叫座的 P1 手机，手机质量的"疏油层"、内存和闹钟等。向一个城墙口冲锋，必会破门。华为手机关键的两步在 2014 年完成：第一步是复制小米的成功，建立电商平台和互联网品牌。华为全面学习和借鉴小米经验，于 2013 年底推出"荣耀"品牌贴身近战小米，以期以其人之道还治其人之身。荣耀品牌抓住互联网营销的窗口期，腾讯与迅雷合力为华为引流，真正做到了爆款与上量，使荣耀品牌成为与小米相并肩的互联网手机品牌双强。第二步是做国内的高端手机，Mate7 应时而生。2014 年 9 月 4 日，华为 Mate7 在德国柏林发布。Mate7 采用全金属机身、大屏、双卡、按压指纹等新技术，使得华为手机爆红，到了一机难求的地步。截至 2015 年 3 月底，华为 Mate7 的销量已经突破 400 万台。这是国产手机在 3 000 元价位上的一次突破，也是华为手机的一场完胜之战。

2014 年，华为智能手机出货量达到 7 500 万台，同比增长 45%，华为中高端智能手机出货量占总量的 18%。华为 P7 上市半年出货量超过 400 万台，Mate7 上市三个月出货量 200 万台。荣耀品牌出货量超过 2 000 万台，并进入 60 多个国家和地区。

2015 年，华为宣布，华为终端消费者业务收入超过 200 亿美元，其中智能手机出货量首次超过一亿台，为 1.08 亿台，创造了新的手机销售记录。2015年小米手机没有完成预定年销8 000万台的目标，小米手机取得7 100万台的成绩，或许，与没有在本年度推出小米5有直接关系。但也不可否认，华为在研发上投入596亿元，近十年累计投入研发2 400亿元，共计获得专利授权50 377件。反观小米手机，2015年研发投入15.12亿元，即使华为的596亿元研发技术是多样的，投入在手机上的比例不算大，但相比较小米手机的15.12亿元，也肯定是天壤之别的。华为596亿元的研发费用，都是投入与移动通信相关的技术研发上，确保了华为公司的技术全面领先，也确保了华为手机技术实力的长足发展。

华为手机从2011年开始正式转型，从全面复制小米的互联网营销到2015年的全面超越，不管是手机销量还是中高端手机销量的占比，华为手机都遥遥领先于小米手机，实现了后来者居上的重大突破，更是华为终端战略的成功。

2018年华为智能手机出货量超过2亿台，达到2.08亿台。小米手机取得1.19亿台的成绩位列全球第四名，华为手机销量位居全球销量第三名。OPPO手机以1.18亿台位居全球第五名，VIVO手机以1.01亿台，位居全球第六名。可以自豪地说，中国手机企业已然占据全球销量的半壁江山，这是因为市场的消费者重复购买速度远远大于中游的通信设备市场。

通讯产业的中游是设备市场，也就是华为、爱立信、诺基亚等企业的市场。这个中游市场受升级换代的影响，通信运营商的购买频率低，基本上属于一次购买一个产业周期。相比较，移动终端市场，手机的购买率就快了很多倍。

2018年，中国手机用户持有率高达96%，同比增长7%，相比全球的平均持有率高出6%。在高持有率下，中国用户更换手机的频率明显高于全球市场平均值。中国手机用户的更换频率近80%，而全球手机用户更换频率仅为58%。全球每年手机用户的高增长，一大部分在于市场用户的换机购买率，也就决定了手机市场是一个持续发展、远远大于通信设备中游行业的大市场。华为的终端战略取得巨大成功，不仅仅保持了中游行业的技术与市场的领先，更是用下游的终端大市场，保证了华为的快速发展和技术更新的速度，不断创造着华为的新纪录。

# 第三章　创新引领未来

提出创新是企业家的职能，是企业家对生产要素的重新组合，即企业家把一种从未有过的生产要素和生产条件的新组合引入生产体系之中，从而实现企业发展的开拓性和连续性。提出创新是一个过程，企业家起到最为重要的作用。应该说，企业家提出创新在两个方面：一个是技术变革和技术推广为对象的技术创新。一个是以企业战略和经营模式的创新。企业家推动这两个创新不断前行，才是企业发展的根本核心。

20世纪50年代以后，随着科学技术的迅猛发展，尤其是以微电子技术为核心的新一轮科技革命的兴起，很多国家的经济出现了长达20年高速增长的黄金期。技术创新对人类社会和经济发展的推动力越来越大，同时技术创新在这个时代分为两种情况：一是企业预计可以获得垄断而加大技术创新，从而获取市场的垄断地位和巨额暴利。二是迫于竞争对手的威胁而创新，也就是被动式创新，主要是为了让本企业的技术与产品跟上市场的竞品，这个类型的创新，质量就差很多。这两种创新，最好的是第一种创新，企业家提出创新，开拓新的空白市场。利用技术、专利和标准的制定主导权，来垄断细分市场，从而获取垄断利润。第二种创新属于跟随创新，也是应用技术创新，只是能够跟上市场的需求发展而已。从创新质量而言，明显低于第一种创新，这两种创新的相互补充，推动了市场的快速发展，更是带动了经济的高增长。

美国经济学家兰斯·戴维斯和道格拉斯·诺斯在 1971 年出版了《制度变革与美国经济增长》一书。利用经济学理论中的一般静态均衡和比较静态均衡方法，对制度创新做了较为系统的描述。制度创新是指能够使创新者获得追加利益的现存制度的变革。技术创新需要与制度创新相互结合，制度创新是技术创新的保证。促进制度创新的主要因素有三个方面：

一是规模经济性：

市场规模的扩大，商品交易额的增加，促进制度变革，降低经营管理成本，获取更多的经济利益。

二是技术经济性：

生产技术和工业化的发展，城市人口的增加，企业规模的扩大，促使人们去进行制度创新，以获取新的潜在利益。

三是预期收益刚性：

社会集团力量为防止自己预期收益下降而采取的制度变革措施。

技术和制度作为企业生产和组织结构的两个核心因素，一直都是创新的焦点。在完备的组织制度下，技术创新才能起到推动企业发展的增长作用。在现在经济条件下，创新就是新的组合，如新技术与新产品的组合、新技术与新生产过程的组合、新技术与新生产原料的组合、新技术与新市场开发的组合及新技术和新产业组织的组合等等。

### 人类史就是创新史

管理在企业的经营中越来越重要，一个企业的生产效率、资金周转率，乃至公司的利润率，都体现在管理水平上。管理已经成为企业发展的核心支撑，也成为企业竞争中的核心竞争力，管理的水平与管理的思维及历史变革息息相关。

管理是与人类社会相伴相生的，从原始社会开始，管理已经萌芽。比如说原始社会的群居、部落、族居的生活中，都有一个首领、族长来管理部落、家族，包括部落里的人员分工、事务断决、部落规矩等等，这都是管理。可能这种管理的方式、方法比较简单、单一，但也是一个管理的雏形，提高了部落的食物获取能力、生存能力。在奴隶社会，管理的技巧与经验并重，提高了管理的效率，更是提高了劳动生产率。准确地说，管理的第一次成型是在奴隶社会，这是标准的人管人、以经验管理的正式开始。

人类进入封建社会后，管理也随之发展，可以说封建社会的发展，也是管理学的发展。如果说奴隶社会是人管人，但层级不明显。封建社会的管理层级明显地凸显出来，而且更加有效、职责明确。这个时期是管理学上的一个大发展，更为以后的管理打好基础。

进入资本主义社会，最关键的是工业革命引起的工业兴盛，带动管理学科的又一次飞跃。管理已经成为工业发展中相互依存的关系，特别是众多的管理学家在这个阶段不断推陈出新，让管理成为一个大学科，更成为一个管理的科学。从美国的科学管理之父——泰勒、法国的一般管理之父——法约尔，到德国的官僚管理之父——韦伯，奠定了古典管理理论的基础。

第二次工业革命之后，由于电气化的发展，催生了众多的创新，管理也不例外。管理创新成为推动社会发展、生产率提升的主因。例如福特汽车的创始人福特，通过发明流水线式的制造组装，在大幅度提高劳动生产率的同时，提高汽车产品质量，更是大幅降低了汽车的生产成本，使福特的 T 型车成为国际上第一款可以普及的汽车，也是普通民众可以买得起的汽车。工业的变革史，也是管理的发展史。

第三次工业革命后，核能、计算机、信息技术的快速发展，对管理、营销、品牌及战略的需求，催生了科特勒、明茨伯格、迈克尔·波特、德鲁克等等一大批管理学家、营销学家并大受欢迎。管理学又细分成众多的子学科，取得飞速发展，推动社会及企业的管理大变革、大发展。

面对刚刚开始的第四次工业革命，不仅仅是在技术工业领域，要有与第四次工业革命相匹配的工业思想，更要有与新工业革命相得益彰的管理创新，才能使新的工业革命产生效率的大提升、大发展。面对第四次工业革命，管理创新怎样才能赶上？这需要从社会的发展史上，来瞻望未来的路径。

### 原始社会的管理——经验式管理

原始农业的启蒙到成熟，形成刀耕火种的农业生产，这里有代代相传的衔接，就一定有管理。这个管理可以分为两个维度来理解。第一个管理维度的理解，就是原始农业田间生产的管理。原始农业一般在春天先用火烧光地上的野草，然后刀耕土地，进行播种。无论是用火烧野草，还是刀耕的具体要求，都是原始农业的生产管理之一。

第二个管理的维度就是人员管理，也是原始农业的核心。原始农业的生产管理，一般以族长或者部落的首领为核心，进行人员的每日工作安排。这个工作安排，就是管理，也是计划，更是对农业生产的管理。原始农业社会的管理，也是管理的雏形，是管理的开端。原始农业社会的管理，是人管人的第一步，也是经验管人的第一步。这个时期的管理，是直管，也是管理层级最少的时期，可以称之为原始管理。

### 奴隶社会时期的管理——分工与层级

原始社会瓦解后出现的人剥削人的社会，以奴隶主占有奴隶的人身，实行超经济奴役为主要特征。奴隶社会替代原始社会，为生产力的发展创造了必要的条件：一是在奴隶制度下，战俘不再被杀死，而是成为奴隶，保存了大量的劳动力。大量的劳动力，就有可能为社会创造更多的财富，有利于整个社会经济的发展。

二是大规模的生产和劳动协作。奴隶主占有大量的奴隶和生产资料，集中在自己的庄园和作坊中，可以组织较大规模的生产，从而提高生产率，完成较大的工程。

三是分工和协作的发展。大量的奴隶在大规模的生产中，进行简单的分工与协作，使不同工种之间、工种内部的分工越来越细化。奴隶的劳动技能和熟练程度不断提高，劳动生产率也迅速提高，促进了奴隶社会生产力水平的进一步提高。

奴隶制的建立基本上适应了当时生产力发展的需求，极大地促进了生产力的发展。奴隶制社会取代原始社会，是人类历史发展中一个巨大的进步。一种社会制度取代另一种社会制度，在于新的社会生产关系是否与当时的生产力发展相适应。奴隶制社会促进了生产力的发展，归根结底，是管理水平的发展。奴隶制社会的形成，也是脑力劳动与体力劳动的分工与对立共同完成的。

奴隶社会的形成，发明了文字，直接促进了脑力劳动与体力劳动的分工。脑力劳动者在科学、文化方面取得很大的成就，没有脑力劳动者，就没有发明创造。而没有体力劳动者从事生产实践，脑力劳动者的创新也就黯然失色。脑力劳动者用科学和文化，加强对奴隶的统治，就是管理的核心。原始社会是人管人，一个人管十几个人，几十人的部落。那么，奴隶社会则是管理几百、几千、几万人了。一个奴隶主管理几千、几万人，肯定是管理不过来的，而奴隶社会脑力劳动与体力劳动的分工，又促进了管理的分级。

奴隶制社会的形成，也是管理发展的必然产物。管理从原始社会的人管人，过渡到奴隶社会的多层级管理。以大奴隶主为核心、以脑力劳动者为管理层、以奴隶为管理对象的大生产形态，形成了三级以上的管理体系。管理，从此成了社会发展创新的核心。管理，使个人组成团队，组成社会生产的大分工。可以说，奴隶制社会使管理的层级形成，并带动了劳动大分工，为提高社会的生产率做出了巨大的贡献。管理从原始社会的懵懂，到奴隶社会的初懵，引导了社会的发展，加速推动管理的形成。

### 封建社会的管理——授权

封建社会、奴隶社会、原始社会，可以统称为农业社会农业社会的发展演进是管理的创新演进，这也是无可非议的。封建社会，什么是封建？封建是指分封制的社会结构，是指中国的夏、商、周、先秦时代的社会制度，封建制无疑要比奴隶制优秀得多。

分封，是封建社会的核心。帝王为国家的最高权力人，帝王通过分封，可以把一个地方的治权及土地授予指定的人，而这个授予就是分封。如果这个分封搬到管理学的立场而言，相对的就是授权！管理的授权与封建社会的分封有异曲同工之妙。

授权是管理的一部分，充分合理的授权使管理者不必亲力亲为，从而把更多的时间和精力放在更有价值的发展上，以及如何引领下属更好地进行管理。授权的依据是目标和责任，根据责任者担负的目标和责任的大小而授予相应的权力，同时遵守一定的原则：

1. 相近原则，给下级授权，不能越级授权。

2. 明责授权，授权以责任为前提，明确职责。

从以上授权的角度讲，与封建社会的分封别无二致。可以说，在农业社会的管理中，无论是原始社会的经验式管理，还是奴隶制社会的分工管理与分级管理，与封建制社会的分封——授权相比，差距就太大了。可以这样说，封建社会的分封制，不仅仅是社会的体制形式，更是管理的创新，也是政管一体的创新。分封制极大地促进了社会的发展，更是促进了管理的创新与发展。封建社会是农业社会阶段的最高形式。

改革开放后的思想解放。

中国从进入半封建、半殖民以后，在管理创新也骤然停止。在西方国家进入工业革命后，以工业思维领导的资本主义社会迅速发展，并在管理上加快创新，形成了健全的管理制度。工业革命、工业思维、工业管理的三工，是农业社会时期管理的升华，更是一个大转型。可以说工业思想推动了资本主义社会形式的形成与发展。而同时期的中国，在社会的动荡中，直至新中国成立前，都没有完整地完成第一次、第二次工业革命，所有的思维还依然停留在封建社会时期。

新中国成立后，中国开始大规模的工业化建设，应该说中国是直接进入第二次工业革命和第三次工业革命同时进行的。中国在短时间内，从一个纯农业国过渡到农工相结合的农工大国，中国的管理上了一个大的台阶。但不可否认地说，中国的工业管理能力、工业思维、市场思维远远没有同步跟上，直到改革开放后，中国对于管理企业的能力越来越力不从心。在国内企业面对国内市场国际化的情况下，加速学习国外的先进管理理念、管理制度，已经成了当务之急。

　　解放思想，再解放！不仅仅是学习西方国家优秀的管理思想，我们的企业家更应该在工业思想的基础上，跟上工业革命发展的步伐。在信息社会，第四次工业革命的新思维、新思想中迎头赶上，才是带领中国企业管理创新的路径，中国的管理从世界上的领先到落后，再到学习赶上，需要一段非常长的时间。在知行合一、学以致用，举一反三中沉淀、升华，期望以体制的优势，在新的工业革命中，可以从管理的优势，领先于西方国家。

# 第四章　实达之败与削足适履

制度创新与管理创新是技术创新的前因与结果，相互促进、共促发展。20世纪90年代到21世纪初，众多中国企业经历了第一波高速增长，管理的短板就明显地放大了。中国企业在管理理论、管理制度等方面的滞后，严重阻碍了企业的扩张和发展。在这种背景下，中国企业加快向欧美企业学习管理，最常见的就是聘请欧美的管理咨询公司为企业量身定制管理体系。更多的企业是花大价钱引入西方企业的管理体系，特别是营销体系。引进的管理体系适合中国企业吗？在当时很少有人思考过，中国企业管理的大变革成为一时的风潮。盲目引进管理体系与管理制度并没有明显改善企业的生存环境，更没有解决企业在高速发展中面临的问题。

这些情况，我们可以做一个比喻：高速发展中的中国企业犹如一辆高速行驶的列车，当司机意识到列车的刹车系统不行时，此时列车在下坡的路上越来越快，随时都有翻车的可能。怎么办？以前的管理办法已经失去效率，而这时外请的国外咨询公司或者更换新的管理体系、管理制度，犹如要为高速行驶的列车换刹车、换车轮，成功率有多少呢？成功的概率极低，超出整个中国企业界的想象。

中国企业的第一波高速发展，是以经验管理为起点的，特点就是人管人，企业的规模越大，管理的层级就越多，管理的效率就直线下降。中国企业也希望使企业管理制度化、体系化，但现有的管理人员不可能在一夜之间就能过渡到制度管理。从经验管理到制度管理，不仅仅是依靠培训就能解决的，更为关键的是解决中高层管理人员思想的转变，但这个思想的转变哪里是一朝一夕就能够完成的？特别是中高层管理人员每天要面对大量的实际工作，在学习和思想的转变中，越来越麻木。等企业开始全面推行制度管理时，中高层管理人员反而成为制度管理的拦路虎。

1998 年，实达集团接受了成立于 1923 年、在全球拥有 75 家分公司、被美国《财富》杂志赞誉为最有成效、最值得信赖的企业咨询公司——麦肯锡所提交的营销方案。实达集团进行"千人大换岗"。仅仅过了五个星期，麦肯锡的方案执行就被迫停止，实达集团又回到了过去的"旧体制"。实达集团半途而废的变革，伴随着实达集团长达半年的经营和效益大滑坡，这就是企业界熟知的"麦肯锡兵败实达"事件。实达集团是麦肯锡到中国后的第四个客户，麦肯锡为实达集团设计改组方案，因为收取高达 300 万美元的费用而引人关注。特别是由于实施的途中搁浅而引起广泛的质疑，洋咨询能否解决中国企业的实际问题？

实达电脑在国内 IT 行业率先引入国际知名管理咨询公司实施改组，更多的是实达电脑内部原因造成的。实达电脑对困难估计不足，公司物流和信息状态失控，特别是对公司商业业绩的大幅度下降没有心理准备。实达电脑中高层管理人员由于角色的变化，带来的心态变化估计不足。唯一的一点，就是麦肯锡带来的产品经理、项目经理制度在实达内部落地生根了。

麦肯锡兵败实达，也让国内企业界产生了诸多的感触。第一个疑惑就是：麦肯锡是国际化的公司不假，但麦肯锡在中国的本土化方面面临难题。比如项目小组后期跟进不力、人员流失等等。虽然麦肯锡表示，在美国和欧洲同客户讨论项目最终成果的工作只用一个星期，而在中国需要一个月，有的更是长达1年。当麦肯锡这样讲时，只能证明麦肯锡不了解中国的国情，而仅仅是凭自己的判断来处理，败得彻底。第二个疑惑就是：实达电脑是IT行业的，与麦肯锡合作失败了，是不是证明麦肯锡的方式对IT行业不适用，而更适合传统行业业务？纵然麦肯锡用诸多的反驳，但不可否认的是，事后的辩解已无任何意义，收起不如意，继续向前吧。

如果说实达电脑忍受不了管理、营销创新带来的剧烈变动而迅即放弃，那么可以肯定地讲，麦肯锡也绝对不是好老师！同样的管理变革，华为选择IBM公司人做顾问，历时十年，让华为脱胎换骨，完成管理水平国际化的能力跃升。应该说企业的决策者决定了企业变革时的承受度，当你承受并学以致用时，你就出徒了。

从1995年起，华为陆续引进不少国外的管理系统，由于种种原因，效果不尽人意。1997年圣诞节前一周，任正非在考察了休斯、朗讯、惠普三家公司后，将重点放在IBM公司。作为IT行业的领头羊，IBM不仅向国际市场提供硬件设施及IT整体解决方案，也将管理咨询服务作为其新的业务增长点。华为作为中国企业的优秀者，如果能为华为提供管理咨询，不仅意味着将给IBM带来数亿美元的收入，更可以树立一个样板，在巨大的中国市场可以起到最好的示范效果。因此，虽然圣诞节各大公司相继放假，但IBM公司董事长郭士纳在内的高管一齐到位，向华为任正非真诚而系统地讲述 IBM 的业务板块和管理系统。

整整一天时间，从产品预研到项目管理、从生产流程到项目寿命终结的投资评审，IBM 高层都做了极为详尽的介绍。为了加深任正非对 IPD 的认识，IBM 公司副总裁送给任正非一本哈佛大学出版社出版的关于研发管理的书籍。任正非后来发现，朗讯、惠普等企业也正在应用同样的研发模式。经过一天的了解，任正非对 IBM 这类大型公司的有效管理和快速反应有了新的认识。对照华为本身存在的缺陷及如何在扩张中解决管理不善、效率低下和浪费严重的问题，更加痛心疾首，更对华为在未来的成长与发展过程中少走弯路，有了新的思路和方法。

郭士纳，IBM 公司的董事长，临危受命，带领巨亏的 IBM 重新回到强盛。郭士纳自喻让大象跳舞，郭士纳没有食言，用坚强的意志、变革的决心和持久的韧性，重塑 IBM。郭士纳为 IBM 建立了世界一流的业务流程，高度透明的发展战略以及高效的企业文化，带领 IBM 重归辉煌。

任正非了解后怦然心动：华为要像 IBM 一样强大，不仅自己要以郭士纳为榜样，而且华为必须虔诚地拜 IBM 为师，将 IBM 的管理精髓移植到华为公司。

这是华为公司成为世界一流企业的必经之路，只有这样，华为才能逐步走向规范化、制度化和国际化。

1998 年 8 月，华为与 IBM 合作的"IT 策略与规划"项目正式启动，内容包括华为未来 3—5 年向国际化转型所需开展的 IPD（集成产品开发）、ISC（集成供应链）、IT 系统重整、财务四统一，共八个管理变革项目。为期 5 年的第一期合作，IBM 有 70 多位顾问进驻华为。当然，华为交的学费也很贵，合同额 20 亿人民币！事后证明，这笔中国企业创纪录的学费，让华为脱胎换骨，成长为巨人。

1998 年是华为发展历程的分水岭，与 IBM 合作是一场地震式的变革。这不仅是一次组织的革命，更是一次思想的革命。有权的人，变得没权了，权大的人，变得权小了，不受制约的权力有约束了。历史上搞改革的人大多下场不好，弄不好，主持变革的人却被自己人革命掉了。改革触动了太多人的利益，用管理流程体系替代人治，肯定要付出更大的代价。

随着变革的深入，华为内部出现了诸多的质疑。关键时刻，任正非在公司会议上旗帜鲜明地说："我们切忌产生中国版本、华为版本的幻想。引进要先僵化、后优化，还要注意固化。当前两三年内以消化为主，两三年后，允许有适当的改进。"

"IPD 关系到公司未来的生存与发展，各级组织、部门都要充分认识到它的重要性。我们是要先买一双美国鞋，不合脚，就要削足适履。"

"37 码就 37 码，脚大了就把脚砍掉一些也得穿，不愿砍脚的人，你就到那边去做大脚，种地去，靠边站。"

"推行流程的态度要坚决：不适应的人要下岗，抵触的人撤职。IPD 要一层层往下面落实，搞不起来我就拿你们开刀，这是毫不含糊的。"

世界上最难的改革是革自己的命！华为以壮士断腕的魄力来迎接变革的悲痛，在全盘西化的过程中要做好迎接阵痛的准备。华为的变革，不仅仅是对管理流程、管理体系、研发系统的改造，更确切地讲，华为的变革，是对公司所有人员的一次头脑风暴，一切与国际水平看齐，只要每个人的思想达到了国际水平，那么，改革就成功了。

经过 10 年的艰苦努力，2008 年 2 月 29 日晚上，华为董事长孙亚芳率领 50 多名高管，在坂田基地高培中心举行盛大的欢送晚宴。隆重答谢 150 多名 IBM 顾问在过去 10 年间给予华为的指导和帮助。由于长期密切的并肩合作，华为一名高管坦言："尽管对 IBM 来讲，这只是一个商业咨询项目，但对华为而言，却是脱胎换骨！"

IBM 资深顾问阿莱特则感慨地说："过去 10 年，我们耗费了无数的心血和精力，甚至把心掏给了华为，我们为有机会把华为改造成一家跨国公司而骄傲"！

华为的这次变革，历时 10 年。如果以业绩来讲，华为 2008 年营收 183 亿美元，超过阿尔卡特、朗讯、北电、摩托罗拉，与爱立信、诺基亚三分天下。可以说华为不仅仅是脱胎换骨，管理体系化，更是完成了企业的国际化。在变革中学习，在变革中发展，在变革中变强，这就是华为人的精神。

# 第五章　创新的灵魂

　　企业家是创新的灵魂，这句话一点都不为过。企业家的创新对企业的创新战略、生产要素组合及创新方向的制定起决定性的作用。更为关键的是，企业家会适度、适时地为企业制定创新的体系保障和制度来促进创新，从这里来讲，企业家就是创新的灵魂。

　　"领袖和跟风者的区别在于创新"，这句话是苹果公司创始人乔布斯说的，简简单单的一句话，却把企业经营的境界和水平说得明明白白。乔布斯是天才，更是一个企业家，苹果公司的创新是以市场预见的未来而创新。

　　乔布斯的创新做到了把别人"丑陋"的发明，在美学观感与简约优雅中不断集成和升华，浓缩成引领社会生活时尚的前沿产品。乔布斯之于苹果公司，唯有创新的灵魂，来引领发展，更是以产品的创新，带动社会的发展。

　　1976年乔布斯与斯蒂芬·沃兹尼克、韦恩三人建立苹果公司，推出世界上第一台通用电脑APPLE—1。

　　1984年，推出金麦托电脑。金麦托电脑是世界上第一种可以买到的、拥有交互图形界面并且使用鼠标的个人电脑。奠定了苹果公司的主业之一，并畅销不衰。

2007 年 6 月 29 日，苹果公司又推出自主设计的苹果手机，使用 IOS 系统。2008 年 6 月 9 日，第一代苹果手机 iphone3G 及 iphone3GS，可以说，苹果手机的面世，直接带动了手机行业从功能机向智能机过渡的大发展。第一代苹果手机以大屏幕、触控屏为亮点，并且支持 3G 网络。

2010 年 6 月 7 日，iphone4 正式上市。2011 年 10 月 4 日，iphone4s 上市。这两款手机带来全新的外观设计和操作体验，引起了手机行业的震动，并被果粉们称为永恒的经典。如果说麦金托是苹果电脑的奠基产品，那么苹果手机引领了全球智能手机的风尚，从 iphone4 和 iphone4s 开始，开创了苹果手机的王朝。

2010 年 1 月 27 日，乔布斯在旧金山发布了震惊世人的 ipad，立刻引起了排山倒海的热议和非议。这款介于笔记本和手机之间的矛盾智能设备，改变了电脑的定义，并取得了巨大的成功。ipad 销量比 Mac 的销量还大，更是戴尔所有硬件总销量的一半左右。ipad 触发新的刚需，成为苹果公司的三大明星产品之一。

苹果公司通过三个产品创新，成为全球市值之王。2019 年 3 月 22 日，苹果股价收盘为 195.05 美元，涨幅达 3.68%，逼近四个月高点，苹果公司总市值达 9 257.8 亿美元，超过微软的 9 236.74 亿美元，重回市值全球第一！这就是创新的传奇，也唯有创新，才可以塑就传奇。

伟大的企业源于创新，而创新则源于灵魂，这个灵魂，则是企业家注入的创新基因。一如乔布斯所言：领袖和跟风者的区别在于创新！企业家的创新基因，决定了企业创新的灵魂。所以，即使企业家离开，而企业的创新灵魂依然还在，依然会在创新的路上，不断前行。

# 第六章　创新的战略方向

　　企业的创新，不仅仅是为了创新而创新，而是为了满足客户的潜在需求而创新，这就需要创新的战略方向，也就是企业家的生产要素组合与客户潜在需求的一个平衡互通。

　　创新战略方向的选择正确与否，直接影响创新的进程和结果，战略方向有主要方向和次要方向之别，在同一时期内，主要战略方向只应有一个。战略主要方向是与竞争对手竞争的焦点领域，是企业研发创新的重点。对达成公司战略起决定性作用，因而确定战略方向是创新战略的首要问题。

　　创新战略主要方向，都是高瞻远瞩地定在国际标准的下一代技术研发上，以抢占未来国际标准制定先机积极创新，这就是创新的战略方向。企业集中研发人员，对一个主要战略方向加大投入研发创新，有利于当前，更有利于企业的长久发展。当然，创新的主要战略方向与次要战略方向是相对稳定的，但在一定条件下也可以互换。

　　"我们用创新思想缔造了高通公司，并希望在创新道路上有所作为"。这是美国高通创始人之一兼董事长艾文·马克·雅各布博士的观点。美国高通公司为研发投入巨大，创造了数以千计创新理念、方法和产品，从而改变了无线通信世界。

通讯产业是国家的战略产业，怎么强调重要性都毫不为过！我们从移动通信的历程说起：

1928年，摩托罗拉公司接到美国陆军一笔订单，要求开发无线通信系统。1941年摩托罗拉研制出第一代产品SCR-300，这代产品重达16公斤，而且只能在13公里内通话。摩托罗拉的创新产品，逐步发展成AMPS电话系统，也就是大哥大的时代，称之为1G。

1982年，欧洲邮电管理委员会成立了"移动专家组"，负责通信技术及标准的研究，成功推出了GSM系统。1991年开始，10年左右的时间，全世界共有162个国家建成了GSM系统，使用人数超过1亿，市场占有率高达75%，反超美国1G。

1989年，美国高通公司将CDMA技术应用在移动通信上。高通公司技术创新围绕功率控制、同频复用、软切换等技术构建起复杂的CDMA专利池。高通公司的CDMA技术远超GSM，GSM为2G通讯，高通公司的CDMA已经是3G标准了。仅以下载速度上，GSM下载速度约为9 600bps~64kbps，而高通公司的CDMA初期的速度为300K~2mbps，远远超过了GSM，比GSM速度高30多倍。仅仅是技术好，也全无用武之地，毕竟终端是以语音通讯为主，手机的功能单一，所以称之为功能机。用2G时代的功能机匹配3G的移动技术，无法充分发挥3G的优势，在这个关键点上，一个传奇成功地推动了高通。

2007年1月29日，乔布斯发布了第一代iphone，也就是苹果的第一款智能手机。苹果的智能手机横空出世，宣告了手机从功能机进入智能手机时代。苹果的APP商店有大量的应用程序，而应用程序肯定需要大流量通讯的支持，极大地推动了 3G 的发展，开启了 3G 应用的大发展。

可以说，4G 是 3G 时代的加强版，1G、2G、3G 都是大革新、大创新。而 4G 时代，相对大创新较少，4G 的标准统一到了 LTE，高通公司失去了 3G 时代的优势。不过高通大量的专利池、技术研发优势还是在 4G 体现着，由美国高通提出的 Turbo 和 Alamouti 码继续在 4G 使用，并在 5G 延续。

2016 年，展开 5G 标准的制定，美国高通凭借摩托罗拉的关键一票，以微弱优势战胜华为的 polar 方案，使高通公司的 Ldpc 方案成为 5G 国际标准的一部分。高通凭借在 3G、4G 技术专利的积累，到 5G 国际标准的专利技术衔接，更占 5G 标准 15％的核心专利，确保了美国高通在未来十数年的高额收益。

时代的发展向前，技术创新的沿革不变。从摩托罗拉开创移动通信先河的 1G，到欧洲诺基亚、爱立信、西门子推行的 2G，美国高通以 CDMA 技术推广的 3G。其中 3G 的国际标准以美国、欧洲和中国各执其一，形成三个国际标准，这也是中国制定的通讯国际标准首次登上国际标准的舞台。4G 时代，虽然统一为一个国际标准，但中、美、欧在国际标准中各占一部分，和 3G 时代利益相差并不大。延续到 5G 时代，已经成了中、美两国主导的时代。

从通讯产业的战略创新主方向来看，从 1G、2G、3G、4G 到初步开始的 5G，肯定向 6G、7G 技术研发方向演进。创新战略的主要方向明确，这就需要专利技术的逐步积累，如在 5G 国际标准中，依然需要兼容 3G、4G 标准。所以，美国高通坐收专利授权使用费。而 1G 时代的摩托罗拉，2G 时代的诺基亚、爱立信，3G 时代的高通，4G 时代的中国公司，在 5G 国际标准制定中都有一席之地。这也证明，创新的战略方向是对的，而且战略的主方向也是对的。只有创新的主方向对了，企业的发展战略才能得到很好的贯彻。

　　1G 着眼于覆盖，2G 看重用户规模，3G 关注应用，4G 着力于提高峰值速率和频谱利用率。延续技术发展的轨迹，现在的 5G 和未来的 6G、7G 创新的主方向清晰可见。以此为鉴，各行各业很多创新都是有迹可循的，也是可以预见未来创新方向的。熟知行业、产业的技术发展史，以史为鉴，预见未来，这就是战略创新主要方向。

# 第七章　从基础创新开始

在遵守知识产权规则，可以用专利来打技术战、科技战的今天，创新就显得尤为重要，更成为国家经济的命门。没有创新的企业没有未来，没有创新的产业没有明天，没有创新的国家任人欺凌。

在移动通信领域，2G、3G、4G 到 5G，核心专利大部分分属欧美，芯片设计也是欧美，做芯片的设备，更是欧、日的强项。操作系统也是欧美，中国企业虽然奋起直追，但还是一个后来者，还有很长的路要走，还要一段时间缴纳专利使用费。

在 LED 行业，专利权以日、美、欧居多，设备制造以德、美、俄居多，中国是 LED 照明应用的生产大国，却在产业链的核心没有太多的控制权。

在电脑领域，GPU 是英特尔的，操作系统是微软的，硬盘是希捷的，内存是三星的。硬件、软件的核心部件都是国外的，中国企业发展这么多年，也仅仅是一个组装厂而已。

最大的短板在材料领域，中国缺少优质的材料、特种材料、高性能材料的制造技术，导致航空发动机、汽车发动机耐用度不高。由于没有高性能材料，中国的机械装备业制造不出高端机床、高端数控、智能机床，也由此导致中国大多数制造企业在低端制造业内重复竞争。

在生物科技、制药领域，中国药企更是落后欧美国家一大截。特别是在抗癌药品、基因药品等高技术药物开发上，中国在短时间内只能是跟随都。

只有长期重视基础研发，才有工业的强大！改革开放后制造业的高速发展，带动经济的高增长。社会上出现搞原子弹的不如卖茶叶蛋的收入倒挂现象，在赚取快钱的时代，做研发的反而没有了用武之地，导致中国的基础研究出现倒退现象。现在意识到之后，只有加快赶上，但基础研究不是一日之功，更需要耐得住寂寞。特别是国内企业生命周期短的现实下，基础创新只能由大型企业、有战略眼光的企业来接盘。

力学和热学理论的进步，推动了蒸汽机、内燃机的发明。蒸汽机开启了工业革命，内燃机成了现代交通工具的最强心脏。

电磁学为电力的应用提供了理论依据，电动机和发电机的发明，使电力变为实用。电灯的发明，不仅是一个新兴产业，更是点亮了世界。第二次工业革命的兴起，人类进入电气化时代。

数学与物理的接力突破，奠定了无线通信的理论基础，拉开了无线通信的产业大幕。

现代计算机起源于最基础、最简单的数学规则，二进制定义了最基本的计算语言。以计算机、信息通讯、空间技术、原子能为代表的第三次工业革命正式开启。

科学的进步，往往是对经典理论的批判。相对论突破了牛顿力学的局限，量子理论又打开了一个全新的世界，让人们认识了微观粒子独特的运动规律。量子计算机与通讯的构想，又为人类带来超强的计算与通讯能力。

众多的科学成果，是基础研究的历史，更是成千上万优秀人才的协奏曲。爱因斯坦、普朗克、玻尔等无数科学家的研究，改变了人类的思维与观念，也奠定了现代产业的理论基础。

没有基础技术研究的深度，就没有系统集成的高水准，不加强基础研究，就不可能创造机会！基础研究的痛苦很少有人理解，经常被曲解、误解。走出混沌，需要基础研究创新的长年积累与探索。

2016 年 10 月 28 日，任正非在研发将士出征大会上讲："我们为什么要延伸到基础研究领域，因为这个时代发展太快了，网络进步的恐怖式发展，使我们不能按过去科学家发表论文，我们理解后去做工程实验，然后做产品，这样缓慢的道路。我们现在就要选择在科学家探索研究的时候，探进脑袋去思考如何工程化的问题。我们不仅要使自己数十个能力中心的科学家和工程师努力探索，不怕失败，而且要越过工卡文化，大量支持全球同方向的科学家。我们的投资是不具狭义目的的。我在白俄罗斯科学院说过，我们支持科学家是无私的，投资并不占据他的论文，不占有他的专利、他的成果，我们只需要有知晓权。不光是成功的，也包括他失败过程的知晓权。像灯塔一样，你可以照亮我，也可以照亮别人，而且灯塔是你的，完全不影响你产业化"。

2017 年 10 月 4 日，任正非访问加拿大四所高校校长座谈会上说：基础研究是把钱变成知识。我们和高校合作，就是通过资助获得知晓知识。因为学院的科学家们是为理想而奋斗的，他会领先我们公司自己的科学家和技术专家。因为，企业的社会功能定位和本性是商业组织，更看重利益所使，会更贴近现实。学院的科学家和技术专家，更贴近理想，常在我们之前产生知识。他们的先知落到我们公司近万名基础研究员的漏斗中，形成推动我们产品领先时代的有力能力。我们研究平台担负向生产转移技术的责任，因为有现实性的局限，目光会浅一点，我们的视角可能只是五到十年左右的未来。但我们也不是完全只靠自己这近万名科学家和技术专家，去对未来技术的研究。世界上一切优秀的企业、各个大学、各个研究机构，都是我们合作的伙伴。学院科学家和教授研究的未来，很遥远，处于引领时代前列，点亮我们前进的航灯。我们判断他们方向与我们大致相同，就开始支持他们，这个支持不光包括经济上的支持，也可以开放我们公司的研究平台进行交流，我们也可以派一些员工帮教授做实验。

教授的基础研究对整个人类社会是公平的，他们发表的论文、申请的专利，像灯塔一样照亮别人，也照亮我们。我们有基础研究的科学家和产品研发平台，解析教授们的思想，把它转化为人类的应用，要比任何人都快。以此增强我们的竞争力，我们有信心坚持这种开放长期不动摇。同时，我们不只有一束光在照亮我们，还有千万道光也在照耀我们。近万名基础研究人员加上 7 万名产品开发人员，8 万多人，加上未来每年近 200 亿美元的研发经费，我们的消化能力又比任何人都强。实际上我们自己就变成了金身，只要我们能谦虚地消化，我们就能领导这个世界。

还有一种情况，我们出了很多钱，教授没有研究成功。但在科学的道路上没有失败这个词，你只要把失败的这个路径告诉我们，把失败的人给我们，这些失败的人甚至比成功的人还要宝贵。他们可以补充到我们的生力军中去，把失败的经验带到我们其他项目中，避免失败。合作中没有失败这个词，不要说这个没有做好，那你能不能请我们喝一杯咖啡，告诉我们哪里走弯了。将失败的数据告诉我们，这就是成功，钱花了就花了。我们的这个思想，从中国到日本，再到俄罗斯、东欧、整个欧洲、英国、加拿大、美国、以色列，建立了各个强大的能力中心，合作非常成功。越来越广泛的朋友圈，使我们的实力大幅度提升。

任正非的两次讲话，侧重点都在基础研究，特别是要跟紧国际基础研究的进程，无论成败，都是华为的宝贵财富。任正非的基础研究开放战略，把国际智力资源整合起来，以金钱换知识，用整合科学家的基础研究，来塑就华为的领先优势。华为只要在基础研究领域与科学家保持同步，用8万名研发人员做后盾，就有领先于竞争对手的核心竞争力。可以说企业这样做的可能不止一家，但做得这样好的、执行时间这样久的，则只有华为一家。

2018年8月23日上午，马化腾在大数据智能化高峰会上讲："我们在很多领域与欧美同行相比，仍然有不少的差距。贸易摩擦，不但让我们更清楚地看到这一点，而且还对全球科技行业的协同创新带来影响，甚至开始动摇过去二十年全球科技行业繁荣发展的基础。长期下来，中国基础研究的实力依然薄弱，独到的创新不多。现在是政、企、学、研几个方面一起努力改变现状的时候了。"

2019年3月3日，马化腾接受央视财经频道采访时讲："如果我们的科研成果像沙滩上建高楼，根基不稳的话，未来风险非常大。很多项目属于实验室里没有接地气，没有接到各种应用场景里面去，现在希望更多的企业一起投身到这种基础方面的研究。"希望鼓励和支持更多的青年科学家，投身在这种可能短期见不到商业回报的基础性的前沿科学的一些研发上。"

2019年两会期间，马化腾作为全国人大代表，向大会提交了《关于充分发挥社会力量，加强中国关键核心技术与基础科学研究的建议》，以下简称《建议》。

马化腾在《建议》中提出：基础研究是创新的基础和原动力。支持基础科学研究要着眼于长久的战略意义和作用，不能简单地以眼前的应用效果、经济效益或者发表论文数量论成败。

《建议》从中央到地方高度重视，符合当前我国经济社会发展的客观现实两个方面，分析了加强关键核心技术与基础科学研究的必要性，并提出中国在关键核心技术与基础研究领域发展的一些建议。

一是从国家层面推动基础科学研究投入多元化。除中央财政加大投入外，鼓励地方、企业和社会力量增加关键核心技术与基础研究的投入。

二是畅通并理顺联合研发合作机制。鼓励和引导有意向的企业，积极参与和科研机构的联合研发，共同解决国家高科技产业领域被"卡脖子"的状况。

三是加强关键核心技术和基础科学领域成果转化。构建"产、学、研"联动创新平台，打通基础研究和应用技术创新衔接的绿色通道。

四是建设科研创新资源开放共享机制。充分利用以互联网为代表的数字技术，构建适应大科学、大数据和跨领域协同合作需要的科研创新生态和共享服务平台。

五是强化基础科学的普及和教育力度。加强青少年科学教育和创新能力的培养，提升中小学生基础教育的科学教育水平，强化科教融合，让科学家更深入地参与教材内容制定。

马化腾两会期间提交《建议》，肯定是希望国家重视基础研究、基础创新，并给出基础创新研究的实施路线。马化腾也意识到，只有把基础创新、基础研究的机制、体制做好，中国的基础创新和基础研究才会有长远的发展。

当企业家意识到基础研究的时候，就说明我们的企业发展已经碰触到技术应用的天花板了，也只有企业发展碰到技术应用的天花板时，企业才会重视基础研究的基础创新。如果说马化腾在两会的《建议》是一份呼吁，那么，任正非和华为已经在基础研究和基础创新上走出了新的路径。广泛与深入地接触和资助全球的科学家，了解其研究方向与基础创新的成功与失败，跟进研究进度，然后用华为8万人的科研团队，使基础研究尽快产业化，从而占领市场的先机。

基础研究、基础创新怎么强调都不过分！从第一次工业革命到第三次工业革命，都是基础研究与基础创新推动的。已经开始的第四次工业革命，也与基础创新、基础研究密切相关。哪个公司站在基础研究的顶端，哪个公司的获利就越丰厚、越长远。哪个国家越早进入并成功实施第四次工业革命，哪个国家的经济实力就会剧增，就会更强。第四次工业革命犹如春秋战国时代的变法，守则衰，变则强，主动革自己的命，置之死地而后生，方是长久的生。

# 第八章　创新需要有牺牲精神

中国人民银行行长易纲的一段话，揭示了中国在创新方面的部分欠缺：为什么中国能创新的人比较少？创新者需要独立的人格，而不是对权威唯命是从；他要有独立的思考能力和判断能力，而不是人云亦云；他要有平常心，而不是患得患失；他要有安全感，而不是战战兢兢，不敢越雷池一步；他是安宁的、踏实的人，而不是心浮气躁，急于求成。我们缺的是这样的人。

应该说易行长把中国人在创新方面的人性看得很透，创新就需要不断地否定前人的局限，用魄力和使命担当的精神来开创基础研究的新局面。基础研究不是急于求成的，也不是一蹴而就的，而是要和社会的实际情况相结合，这样才是最好的基础研究、基础创新。

英国现代物理学家、诺贝尔奖获得者 P·布莱克特曾给科学下过一个有趣的定义："所谓科学，就是通过国家的钱来满足科学家的好奇心。"布莱克特的定义很大程度上，论证了国家出钱满足科学家们好奇心的合理性。这个合理的基础，在于相信基础研究的成果在未来会转变成应用研究的突破，然后推动新产品开发、设计乃至最后的商业化。也就是说，基础研究是技术创新的源头。

基础研发不是一日之功，基础创新需要一个沉淀与升华的过程。基础研发往往是形成一个个新的产业颠覆原有的产业，基础研发的成败都是经验。基础研发就是验证，只有验证成功了，基础研究也就成功了。如果基础研究验证不成功，或许是方向、方法、方式不对，只是用失败证明了这个走不通。失败次数越多，下次验证成功的几率就越大。当基础研究验证的路径、方法都用对时，那么，也就是基础研究的成功之时。

"两弹一星"，自主创新的精神可贵！赫鲁晓夫曾断言："中国（穷得）三个人穿一条裤子，二十年也搞不出原子弹；中国人种的是蘑菇云，收获的都是鹅卵石。"1964年10月16日下午3时，在我国西部地区新疆罗布泊上空，中国第一次将原子核裂变的巨大火球和蘑菇云升上了戈壁荒漠，中国第一颗原子弹爆炸成功了！中国是继美国、苏联、英国、法国之后，成为世界第五个拥有核武器的国家。

1956年10月，毛泽东和中共中央、中央军委批准了聂荣臻提出的"自力更生，力争外援和利用资本主义国家已有的科学成果，发展我国的核武器、导弹事业"的方针。

1958年，我国建成第一座实验性原子反应堆，原子弹研制工作进展顺利。

1959年6月，苏联单方面撕毁中苏合作发展核武器的协议，并于1960年8月，撤走所有苏联专家，带走了重要的图纸及资料。

1960年春天，第一批特别工程部队进入罗布泊，开始我国第一个核试验基地的工程建设。

1962年11月，成立了以周恩来任主任的原子弹专门委员会，选调技术骨干 100 名，大中专毕业生 6 000 名，培养充实原子弹研制队伍。

1963 年 3 月，提出研制我国第一颗原子弹理论设计方案。

1964 年 6 月 6 日，经过爆轰模拟试验，顺利实现了预先的方案。

1964 年 10 月 14 日，我国第一颗原子弹被安装在高达 102 米的试验铁塔上。1964 年 10 月 16 日下午 3 时，中国第一颗原子弹爆炸成功。

中国第一颗原子弹的研制成功，打破了核大国的核垄断和核讹诈。一声惊雷震惊了世界，也让新中国挺直了腰杆。中国"两弹一星"的功勋，为了不让新中国被核威胁和核讹诈，为了让中华民族扬眉吐气，他们艰苦奋斗、攻坚克难、无私奉献、敢为人先。

新中国用一代人的无私奉献，在重大领域取得突破，特别是在一穷二白的年代里，能在关键领域迎头赶上国际水平，那是在克服巨大困难的前提下，老一辈革命家和科学家们合力奉献了自己的一切。

中国在科技领域每一次的追赶、齐头并进到超越，都需要无私的奉献和奋斗来完成。即使到了实行社会主义市场经济的今天，也需要中国人不断去赶超。如韩国三星，在 2018 年《财富》杂志"世界 500 强"中位列第十二位。更为重要的是，按照总利润计算，三星在前十五强中排在第三位，仅次于苹果公司和伯克希尔-哈撒韦公司。为此，TCL 集团的李东生曾说："追赶三星需要三代人。"而华为的余承东则说："三年，华为要超越三星。"

诚然，TCL 集团董事长说的，追赶三星需要三代人，应该说是从技术研发到产业链的全面超越需要三代人的努力，或许可以成功，前提是三星不发展。而华为余承东说的狠话，三年超越三星，首先说的是华为手机三年超越三星，这完全是务实的计划，实现的可能性很大。

"回顾历史，在农业社会，一个民族、一个国家掉队了，他有足够的时间赶上来。在工业社会，一个民族、一个国家掉队了，也有机会赶上来。而在信息社会，一个民族、一个国家掉队了，恐怕赶上来的机会就很小了。在科技创新、产业创新日新月异，飞速发展的信息经济时代，一个民族、一个国家是无法在短时间内实现产业升级、实现追赶目标的。"这是中国航天科工集团董事长高红卫在"2017年创响中国巡回接力北站"活动启动仪式暨全球创新峰会上的一段讲话。

# 第九章 5G 标准之争（案例）

## 什么是 5G?

5G，即第五代移动电话通信标准，也称第五代移动通信技术。5G 是 4G 之后的跃升延伸，5G 网络理论下行速度为 10GB/S（相当于下载速度 1.25GB/S）。5G 与 4G 相比较，将进一步提升用户的网络速度和使用体验，同时也能够满足未来物联网万物互联的应用需求。

从移动通信行业来讲，5G 具有更高的可靠性、更低的时延，能够满足智能制造、自动驾驶等行业的需求特点，拓宽融合产业的发展空间，支撑经济的创新与发展。

## 5G 的市场价值

2017 年 2 月 22 日，美国高通与产业调查公司 IHSMorkit 共同发布白皮书《5G 技术将如何影响全球》。该报告认为：到 2035 年，5G 将在全球创造 12.3 万亿美元经济产出。这个巨大的产出相当于 2016 年美国所有消费者的全部支出，并超越了 2016 年中国、日本、德国、英国、法国的消费支出总额。其中制造业约实现 3.4 万亿美元的产出，占 5G 总产出的 28%，为最大份额产业。

到 2035 年，全球 5G 本身创造 3.5 万亿美元的产出，同时创造 2 200 万个工作岗位，这一数字超过了今天整个移动通信产业的价值。几乎相当于 2016 年全球财富 500 强中前十三强企业的营收总和。

该报告认为，七个国家将处于 5G 发展的前沿，分别是：美国、中国、日本、德国、韩国、英国和法国。其中，美国和中国将主导全球 5G 研发与资本性支出，从 2020 年到 2035 年，美国将投入 1.2 万亿美元，占全球 5G 投入的 28%，中国投入 1.1 万亿美元，占全球 5G 投入的 24%。根据该报告的数据估算，自 2020 年到 2035 年，全球在 5G 总投资超过 4.28 万亿美元，平均每年仅 5G 网络就有 2 850 亿美元的投资，这足以让 5G 设备前三大巨头可以舒舒服服地过好日子。如果再算上上游向下游延伸时产业一般增加 10 倍左右，也就是说，5G 终端设备可以每年有 28 500 亿美元左右的规模。这个庞大的市场，必然会引起 5G 标准制定时的明争暗夺，更会因为 5G 作为将来社会的控制系统和中枢神经。5G 不仅仅是技术标准那样简单，5G 标准已经是切实地和国家利益、国家安全及社会经济创新密不可分地捆绑在一起了。

### 5G 标准之争

1G 空白、2G 跟随、3G 三分天下、4G 并行，这是对中国信息产业发展的概括。如果没有中国大唐主导的 TD-SCDMA 成为三大国际标准之一，就没有中国在 4G 时代第一梯队的位置。如果说 3G 国际标准的制定，是挟天子以令诸侯式的（中国有世界上最大的移动通信市场），最终使中国的 TD-SCDMA 成为国际三大标准之一，那么，在 5G 标准制定就会竞争激烈得多，而且非技术原因更多。

3GPP 是全球影响最大的通讯标准化机构，主要负责协调各组织形成通讯领域的国际标准制定。2016 年 8 月，3GPP 在瑞典斯德哥尔摩举行第 86 次会议，主题是讨论 5G 编码技术方案的提案。这次会议共提出三个方案：一是高通、三星、中兴、小米等表态支持的 LDPC。二是华为、海思、中国联通、展讯、德国电讯、沃达丰表态支持的 poiar。三是 Turbo。

LDPC 码方案是一项较为成熟的编码原理，于 1962 年提出，已大规模商用。Poiar 码方案相对较新，于 2008 年提出，华为在这一领域投入较多，但在 2016 年底前尚未大规模商用。这里需要说明的是，LDPC 码于 1962 年提出，在 1G、2G、3G、4G 都是美国高通主导，特别是高通的诸多技术专利都押宝在 LDPC 上。而 Poiar 码于 2008 年提出，新提出的 Poiar 码肯定比原有的 LDPC 码有很多优异的地方，所以华为押宝在 Poiar 上。华为也只有押宝在 Poiar 上，才能打破由高通称霸的专利壁垒，这是一个比较务实的途径，也是华为的技术战略选择。但在第 86 次会议第一阶段，由于各方态度不统一，会议没有达成共识。

2016 年 10 月，3GPP 在葡萄牙里斯本召开了第 86 次第二阶段会议。第一轮，美国高通、韩国三星、联想、摩托罗拉认为 LDPC 方案更适合。而中国华为、海思、中国联通、德国电信、沃达丰等则认为 Poiar 更适合。而这两种方案的投票结果为 29∶27，两种方案仅有两票之差，两票之差的分歧，大会主席希望大家能够重新提一个方案，以求达成共识。

在第二轮，用一种编码方式还是用组合的编码方式，即有 LDPC、Poiar、LDPC+Poiar、LDPC+Turbo 四种方案。支持 Poiar 的公司只有中国华为一家。中国联通等大多数中国公司选择了 LDPC+Poiar 组合。美国高通、联想、摩托罗拉则支持只用 LDPC。

分歧依然存在，会议进入第三轮表决。此时出现长短码的讨论，会议进行了一次反向表决，即表决不支持谁。这一次达成一个共识：LDPC 作为长码没有异议。长码确定下来了，但是短码和控制信道用什么编码？

2016 年 11 月，3GPP 第 87 次会议在美国内达华州举行，在这次会议上，中国华为提出的 Poiar 码作为数据信道的短码和控制信道的编码方案，得到中国其他企业的一致支持，最后的投票结果为 57 票支持，14 票反对，由于 14 票的强烈反对，会议主席认为这个局面很难往下走。

最终在妥协与谈判下达成这样的结果：短码部分仍用 LDPC 方案，控制信道用 Poiar 方案。应该说华为能拿下 Poiar 的控制信道编码方案，对中国企业来说，是 5G 国际标准中第一个重大的突破与胜利。这也是华为与其他 55 家公司基于广泛的性能评估和分析比较的结果，可见华为在会议中做了大量的工作。5G 控制信道编码技术方案得到一致通过。

5G 国际标准之争，应该说是美国高通获得三局两胜，而中国华为也凭借 Poiar 的控制信道编码攻下一城，结束了在 3G 时代三分天下的格局。在 5G 的标准制定中，只有一个国际标准，标准之内大家再细分标准的采用技术比例。应该说 5G 的国际标准制定是一个巨大的进步，既避免了同时出现三个国际标准的尴尬，又能确保技术领先型企业的既得利益，能够达到相对的利益平衡。但 5G 的国际标准还没有彻底结束，在 5G 另一个非常关键的新空口标准，中国华为与美国高通又进入新的竞争。

空口，是指移动终端到基站之间的链接协议，是移动通信标准中一个至关重要的标准，空口里又有一系列的技术标准。3G时代空口编码技术用CDMA，4G时代用OFDM，而5G时代空口将采用哪种编码作为国际标准？

2018年6月14日，第五代移动通信（5G）独立组网标准正式冻结，这意味着5G完成了第一阶段全功能的标准化工作。5G第一阶段标准实现了对"增强移动宽带（eMBB）和低时延高可靠物联网（VR-LLC）"两种重要场景的支持，基本实现了所有5G的新特征和新功能，已经可以面向商用了。完整的5G国际标准要等到2019年12月才能完全确定。

5G国际标准由复杂的体系组成，包括基带、控制、空口协议等。5G空口协议，全球累计声明标准专利总数高达5 124件。其中中国华为以1 481项声明专利排名第一，爱立信以1134项声明专利排名第二，三星以1038项声明专利排名第三。中国华为在空口协议标准制定上占据巨大的技术优势。

总体而言，以华为、中兴为代表的中国企业，合计拥有全球5G基础专利数量占5G总专利数量的20%。美国高通基础专利数量占5G总专利数量的15%，韩国三星基础专利数量占5G总专利数量的13%，芬兰诺基亚基础专利数量占5G总专利数量的11%，爱立信的基础专利数量占5G总专利数量的8%。

从专利数量来看，中国企业合计专利数量高居第一，但是中国企业手握的20%的总量专利，有一部分是非必要专利。而美国高通手握的15%的总量专利，则是无法绕过的必要专利，这与美国高通在3G、4G的专利积累密不可分。所以说，美国高通在5G必要专利上还是霸主地位。美国高通非常贪婪地制订了 5G 专利的收费标准：单模 5G 手机收取手机整体售价的 2.275%，多模 5G 手机（3G、4G、5G）收取手机整体售价的 3.25%。非完全使用高通移动网络专利：单模 5G 手机收取手机整体售价的 4%，多模 5G 手机收取手机整体售价的 5%。这就是高通！通过 5G 国际标准的争夺，然后高额征收专利使用费。

华为代表中国，从挟天子以令诸侯的 3G 起，在 3G、4G 逐步建立起自己的通讯产业及研发体系。并从落后到跟随，到了 5G 时代，中国以华为为主体的通信产业，已经逐步具备独立参与国际标准制定的能力。从以市场为基础的 3G 标准三分天下，到 5G 标准的天下一统，各取其一。华为越来越成熟，更积极地参与到国际游戏规则的制定中。

在 5G 时代，中国诸多的手机品牌公司，依然要向美国高通等公司支付高额的专利使用费，但我们也清晰地看到华为公司在 5G 国际标准中专利的快速增长。也许在 6G、7G 的国际标准制定中，华为能够与美国高通平分秋色，甚至超过美国高通，这是很有希望的。从模仿、跟随到超越，也就是二三十年的时间，相信华为用向着一个城墙口发起连续不断的冲锋，能够把国际标准制定的控制权稳稳地控制在中国企业的手里，做强中国与世界的移动通信产业，为世界经济创新注入新的动力。

# 参考书目

［1］高冬梅．华为造芯之路：不能让别人断了我们的粮食［EB/OL］．百度百家号，2019-04-09.

［2］牛文文．中国人该如何创新［EB/OL］．经济参考网，2016-02-04.

［3］张倩．海尔2004年收入1016亿元进入世界500强已成定局［EB/OL］．大众网，2006-07-21.

［4］吴晓波．大败局［M］．杭州：浙江大学出版社，2013.

［5］芮斌，熊钥伽．华为终端战略［M］．杭州：浙江大学出版社，2018.

［6］李方．中粮"全产业链"是安全、可持续发展的商业模式［EB/OL］．中国经济网，2012-06-14.